中国传统文化要述

（第2版）

主　编　向怀林

副主编　洪瑶　杨家俊　粟健　朱姗　龚莎

重庆大学出版社

图书在版编目(CIP)数据

中国传统文化要述 / 向怀林主编. --2版.-- 重庆：
重庆大学出版社，2019.1（2021.1重印）
ISBN 978-7-5624-9691-5

Ⅰ.①中… Ⅱ.①向… Ⅲ.①中华文化—教材 Ⅳ.
①K203

中国版本图书馆CIP数据核字（2018）第301097号

中国传统文化要述（第2版）

主 编 向怀林
副主编 洪瑶 杨家俊 粟健 朱姗 龚莎
策划编辑：唐启秀
责任编辑：杨 敬 版式设计：唐启秀
责任校对：刘 刚 责任印制：张 策

*

重庆大学出版社出版发行
出版人：饶帮华
社址：重庆市沙坪坝区大学城西路21号
邮编：401331
电话：（023）88617190 88617185（中小学）
传真：（023）88617186 88617166
网址：http://www.cqup.com.cn
邮箱：fxk@cqup.com.cn（营销中心）
全国新华书店经销
重庆长虹印务有限公司印刷

*

开本：710mm×1020mm 1/16 印张：12.75 字数：179千
2016年3月第1版 2019年1月第2版 2021年1月第4次印刷
ISBN 978-7-5624-9691-5 定价：35.00元

文化是一个民族的精神谱系与价值"元点"，是一个民族继往开来、繁荣昌盛之本。弘扬中华优秀文化，不仅是一个民族薪火相传的文化使命，也是其立足当代、发扬光大的历史选择。然而，中国传统文化源远流长，其内容博大精深、包罗万象。要将中国传统文化浓缩为十多万字的教材来表述是难的；要在十多万字中提炼出中国传统文化的风骨神韵更难。《中国传统文化要述》却在这两难中让人耳目一新。

　　首先，《中国传统文化要述》在内容设计上颇具新意。中国传统文化若蓝田韫玉、沧海遗珠，熠熠生辉却又难尽其容。百余年来，国运衰微与世事沉浮使传统文化与国人渐行渐远。鉴于此，返璞归真、正本清源，还中国传统文化之本来面目是学人责无旁贷的历史使命。本书的编撰者正是以这样的立足点来编撰此书。全书以彰显中国传统文化的精神品格为诉求重心，以儒、道、佛文化为阐述主体，以传统制度、传统艺术、传统科技、传统习俗为内容延展，较为系统化、概括化、逻辑化地展示了中国传统文化的品格特征、表现形态、价值意义，给人以张弛有度、轻重合理、条理有序、脉络清晰之感。与时下同类书籍比较，《中国传统文化要述》在内容设计上的新颖是引人注目的。

　　其次，《中国传统文化要述》在内容发掘上颇有洞见。鸦片战争以来，中国作为上上之国的优越感被列强的坚船利炮摧毁得无影无踪，国家形象一落千丈，传承数千年的中华文明也备受质疑与诟病，虚无主义与妖魔化是很多人对中国传统文化所持的态度。国势盛衰固然与文化有关，更由现实中诸多具体原因所决定，不能以此作为衡量文化优劣的砝码。文化的力量是深隐而无形的，岂能以一时一世之世象论良莠？况且，两千多年来，中国传统文化创造出的灿若星河的文化辉煌和对民族和谐、国家统一的特殊贡献我们岂能视若无睹？韩国、新加坡等亚洲国家和地区的繁荣是不是有中国传统文化的力量？我们在崇拜西方的科技文明时，是否知道中国传统文化对西方崛起的重要贡献？我们既不能妄自尊大，也不能妄自菲薄。对传统文化中的杂质，我们不能盲目叫好，对传统文化中的营养，我们要大胆吸收。因为，"传统是新信仰和行动范型的出发点"（希尔斯《论传统》），弃掷传统，也就是自毁民族根基，其变异与消亡也就在所难免。然而，我们在弘扬中国传统优秀文化时，一个重要的内容是发掘、昭示中国传统文化尚待认识或认识不清的文化价值，因为，断层百年的中国传统文化，不仅亟需重塑，而且尤应重估，使其价值作用能够充分地善利社会与民众。本书在发掘和探讨中国传统文化的价值上是颇具匠心的。无论是对中国传统文化形成原因的认识，对中国传统文化特点的概括，对儒、道、佛文化的阐述，还是对中国古典艺术的描述、对传统习俗的认识，我们都能看到其新颖、独特的观点和见解，令人眼前一亮。

　　另外，《中国传统文化要述》的语言描述也很有特色。作为一本以"要述"定位的教材，本书的语言描述也颇有特色，这种特色就是：更加注重内容要义的概括提炼和观点的准确有力。本书少有资料堆砌与概念重复，更多的是言简意赅与一语中的，简洁、干练的语言常常是寥寥数语就把一个颇为复杂的文化现象一语洞穿。较之那些洋洋洒洒、不知所云的鸿篇巨制，本书简明、实用的风格是值得称道的。

　　作为一本普及、推广中国传统文化的教材，如何更加全面、准确地发掘中国传统文化的价值意义，是本书进一步努力的方向。衷心期待著作者们下一部新书的出现。

曹顺庆，2016 年春节于四川大学

曹顺庆：四川大学文学与新闻学院院长，文科杰出教授，国家级教学名师，中国比较文学学会会长，国务院学位委员会学科评议组成员，教育部教学指导委员会中文学科副主任委员。

中国传统文化是中华民族的宝贵遗产和民族根基，也是中华民族复兴、昌盛的强大凝聚力和智慧宝库。中国要成为当今世界有影响力的大国，离不开文化的重塑，也离不开对民族优秀文化的传承与弘扬。

为了顺应这一历史潮流，结合中国共产党十九大相关精神，我们编写了这本教材，力求将博大精深、丰富多彩的中国传统文化提炼、浓缩、梳理为线索清晰、内涵精练、价值昭著、特色鲜明的教材体系，既注重对中国传统文化的再发掘，也有利于当代大学生及广大社会人士对中国传统文化的认识、学习。

在内容编排上，我们作了这样的设计：以习近平新时代中国特色社会主义思想为指导，以弘扬中华优秀传统文化为新时代中国特色社会主义教育服务为目标，以了解中国传统文化的基本常识、基本理念为起点，以认识中国传统文化的思想精华为线索，以领会中国传统文化的基本特征和其具体表现——儒、道、佛文化为核心内容，以了解中国传统制度文化、艺术文化、风俗文化、科技文化为知识延伸的教材体系。

本教材的特点：

一、对中国传统文化的价值意义进行了客观、新颖的认识与概括。长期以来，虚无主义与妖魔化是认识与评议中国传统文化的两大怪圈。本教材的鲜明特点就是正本清源，还中国传统文化以本来面目，在此基础上，力求发掘尚待认识的价值意义。

二、对中国传统文化的基本特征作了观点独特的定位。现行教材对中国传统文化特征的描述常常流于老生常谈或琐碎，本教材将中国传统文化的特征梳理、整合为三个方面，既突出昭示了中国传统文化的独特价值，也有利于学习者对其价值意义的总体认识。

三、内容结构较为完整。本教材第一章内容为学习中国传统文化必须具备的理论常识和必须持有的基本立场，以下各章按中国传统文化的形成、特征、主流形态（儒、道、佛文化）、具体表现（制度文化、古典艺术、古代科技、风俗传统）布局，较为全面、系统地介绍了中国传统文化。同时,本教材还配有较为丰富的音像辅助学习资料,学习者可以通过重庆大学出版社教育资源网（http://www.cqup.com.cn/edusrc/index.aspx）进行审美化学习与认识。

教材内容编写分工如下:第一、二、三、四章由向怀林撰写;第五章由杨家俊撰写;第六章由栗健、朱姗撰写;第七章由龚莎撰写;第八章由洪瑶撰写。向怀林负责全书审稿、校误,并改写相关内容。

本教材编写过程中参阅了大量资料,主要参考资料有:

［1］梁漱溟.中国文化要义［M］.上海:上海人民出版社,2011.

［2］梁漱溟.中国文化的命运［M］.北京:中信出版社,2010.

［3］王力.中国古代文化常识［M］.北京:世界图书出版公司,2008.

［4］马敏.中国文化教程［M］.武汉:华中师范大学出版社,2002.

［5］周道生,等.中国传统文化概论［M］.长沙:中南工业大学出版社,2000.

［6］骆自强.传统文化导论［M］.上海:上海古籍出版社,2003.

对给予本教材编写提供帮助与支持的各位朋友表示真诚的感谢!

向怀林

2019 年 1 月

第一章　关于传统文化的基本概念

第二章　中国传统文化的形成

第五章　中国古代制度文化

第六章　中国古典艺术

第七章　中国古代科技

第八章　中国传统习俗

第一章
关于传统文化的基本概念

一、传统

（一）对传统的基本认识

　　所谓传统，是指人类的生存行为经由历史凝聚、积淀传承下来的稳定的社会价值形态和文明形态，如伦理道德、价值观念、风俗习惯、艺术传统、行为规范等。

　　尽管对传统的解释众说纷纭，但我们认为其关键要素体现在三个方面：历史积淀、稳定性、社会形态。也就是说，传统必须是在历史中形成的具有稳定性特点的社会文明形态，它是一个民族或地区的人们在长期的生存实践中，经过反复选择、认同而形成的具有广泛社会基础的价值立场和行为范式。这也是传统与当代的区别。

（二）传统与现代的关系

　　传统是人类社会的文化遗传，对社会的和谐与稳定具有强大的整合作用，对人们的价值取向、行为准则以及社会的发展具有引导功能。就一个民族而言，传统形成的社会认同性在民族社会中代代相传、时时相因，是这个民族潜移默化的深层意识形态，是影响其社会发展的巨大原动力。因此，继承弘扬优秀文化传统，是一个民族继往开来的必然选择。

我们也应看到，人类社会及人类自身的发展总是需要吐故纳新、兼收并蓄的。所以，对传统的继承与弘扬也应与时俱进，使其不断完善更新，在现实社会中更好地发挥其价值。因此，传统与现实的关系并不是二元对立，而应该是二元和谐。也就是说，人类社会应该在发展中有继承、在继承中有发展。传统与现实的二元统一，才是人类理性朝向和社会良性发展的圭臬。

二、文化

（一）文化的古今意义

【2】

西方的文化一词来源于拉丁文 cultura，原意指农耕及对植物的培育。

中国汉代以前"文"与"化"不连用，"文"指花纹、文采、文章，"化"指教化。汉以后"文化"可以连用，意思是"以文教化"。

现代意义的"文化"是 19 世纪末中国学者从日本文献中翻译而来。现代意义的文化有广义和狭义两个范畴。广义的文化指人类在生存实践活动中创造积累的物质存在和精神存在的总和，包括物质文化、精神文化、制度文化、行为文化。狭义的文化指人类精神创造活动的智慧积累与表现形态，包括意识形态、文化传统、社会习俗、典章制度、宗教信仰、科学技术、学术活动、艺术创造等。

我们今天常用的"文化"一词是现代意义的文化概念。

（二）文化的基本特征

1. 民族性

民族性是指文化在具体的生存环境和条件中形成的独特性。文化总是一定社会环境和历史条件的产物，其内涵与外延会不可避免地打上环境与条件的烙印，这使文化表现出鲜明的个性和排他性特点。也就是说，文化一方面具有自我价值目标和行为范式；另一方面又总是固守着自己的价值立场。文化的这一特点对一个民族的文化品格的确立与传承具有重要意义。

2. 普遍性

普遍性是指文化的普世性和共同性特点。文化作为人类共有的精神现象，具有相同的基因来源、发展轨迹与终极目标。古往今来，人性、尊严、自由、幸福是人类共有的精神理想。从这个意义讲，文化又是超越民族性的。民族性是其具体性，普遍性是其共同性；民族性是文化的表现，普遍性是文化的本质，文化是民族性和普遍性的有机组合。文化的这一特点对我们认识人类社会的终极走向极其重要。

3. 互补性

互补性是指文化具有的整合特点。文化作为人类最活跃的精神现象，其发展过程总是互相影响、不断更新、不断优化的过程。换言之，一种文化总是要在其他文化中吸取合理养分来弥补自身的不足，校正发展目标；同时，其自我优势在这个过程中也会影响其他文化的发展。文化的这种互补性特点对人类整体的文明进步起着巨大的推动作用。

4. 修复性

修复性是指文化具有的自我完善的功能特点。人类文化总是在继承与创新中能动发展，没有继承，文化就失去根基；没有创新，文化就停滞不前。"所有文化的成长都是承续与变迁的结合。"[1]因此，继承与创新的有机结合，是文化发展的生命力。文化的修复性特点可以帮助我们认识文化建设中继承与创新的重要性。

【1】金耀基. 大学之理念[M]. 北京：生活·读书·新知三联书店，2008：14.

5. 稳定性

稳定性是指文化的社会凝聚力特点。文化作为人类精神创造和观念形态的产物，凝聚着广泛的价值认同与行为选择，成为人类社会强大的社会规范和社会无意识，对人的日常行为和精神取向有着深刻的影响，是人类社会文明有序的重要因素。同时，作为社会规范和社会无意识的文化总是在人们的约定俗成中代代相传，是人类的社会遗传。相同的遗传基因不仅对人类社会产生强大的认同感和凝聚力，也构成人类社会稳定和谐最重要的社会基础。文化的稳定性特点让我们看到文化建设的重要性。

6. 动力性

动力性是指文化对社会的推动特点。文化是人类的社会形态和社会无意识，是人类社会潜移默化的内在力量，它深刻影响着人们的价值取向和行为模式，从而影响着人类社会的发展与走向。它是比政治、经济、军事等现实因素更加强大、有力的社会动力，对人类社会的文明进步具有极其重要的推动作用。文化的动力性特点使我们清楚地认识到：文化是重要的社会生产力。

（三）对文化的基本认识

1. 文化是人的最高本质

文化是人类精神生活和社会生活的产物，是人对其动物性超越的结晶，是物质繁荣和物质享受的前提。离开文化的引导，人类将重返野蛮和本能的时代。

2. 文化是人类社会生活的深层原则

文化作为人类的超越性属性，总是不断改造着人类的动物性而规范、引领着人类走向新的文明。人类之所以与动物有着完全不一样的社会文明，正是文化这种强大的规范作用的结果。就一个人而言，成为好人或坏人，不是由其动物性所决定，而是由其文化性所决定的；就一个社会而言，其文明昌达最终不是取决于经济或者技术，而是取决于优秀的文化。因为，前者必须在文化的引领下才会对人类社会的健康发展产生积极作用，否则，只能是反作用。因此，文化是人类社会生活的深层原则，离开文化的引导，人类社会的良性发展就无从说起。

3. 文化是人类社会文明进步的强大动力

社会是人的创造活动的产物，人的创造活动是人的精神洞开的产物，精神洞开就是人类文化活动的开始，因此，文化是推动人类社会文明进步的强大动力。

三、传统文化

传统文化是一个民族在历史中形成、积淀的，带有鲜明个性特征和稳定性特征的精神文明形态、物质文明形态和行为文明形态。

中国传统文化就是中华民族在历史中形成、积淀的，带有鲜明个性特征和稳定性特征的精神文明形态、物质文明形态和行为文明形态。

所谓个性特征，是指传统文化的民族性。一个民族总是生活在一个特定的生存环境和实践环境中的，这种在具体环境中形成的具有独特个性的价值立场与行为范式就是传统文化的个性特征。

所谓稳定性特征，是指传统文化的文化立场。传统文化有其形成的条件、基础，也有其固有的价值认同和文化立场，这种凝聚着广大社会成员的情感意志，具有强大社会整合功能和排异功能，代代相传、绵延不已的文化立场就是传统文化的稳定性。

四、对传统文化的认识

（一）传统文化是人类社会发展的遗传基因

社会作为人类文化现象的产物，总是始于某种精神元点与价值逻辑的，其深层结构要素总是与其历史渊源有着传承和因果关系。因此，传统文化是人类社会的遗传基因，没有传统文化，也就没有现实社会。既然现实社会是传统文化的基因延续，传统文化就应该是规范现实社会合理发展的最终准则，否则，社会的畸形发展或崩溃将不可避免。

由此可见，继承、发扬优秀传统文化，就是传承人类文明的基因，保证人类社会良性发展。

（二）传统文化是一个民族的存在根基

一个民族的文化品质，是在文化传承中确立的。丧失文化传统，也就意味着一个民族的退场。

所以，坚持传统文化，就是坚持民族的独特品格和民族的未来。

【6】 ## （三）传统文化是人的终极身份证

人的社会属性来源于文化属性，文化属性是人的最高属性。因此，传统文化是人这个社会动物的元价值和终极身份证。

对传统文化的继承与弘扬，其实是人对自我身份的肯定。

单元互动
1. 传统这个概念的关键词有哪几个？
2. 传统与现代是什么关系？
3. 现代意义的文化有几层含义？
4. 如何理解文化是重要的生产力？
5. 为什么说文化是人的最高本质？
6. 传统文化是社会遗传，指的是什么？

第二章
中国传统文化的形成

一、原始文化

原始文化是指人类最早的文化。200多万年前,人类就已有了文化行为。从这一时期至父系氏族社会早期,人类尚无文字,生产能力低下,以氏族或部落集结生存,国家形态尚未形成,社会文明程度低。这种较后来文明时代相对落后的文化称其为原始文化。

(一)文化产生的标志

人类文化产生的标志是人对工具的使用。对工具的使用是以对工具的设想、选择、运用、预期为前提的,凝聚着丰富的精神活动,是人超越动物对环境的简单反应而跃升到精神创造活动的标志。文化是人类精神创造活动的产物,所以,对工具的使用成为人类文化产生的标志。

(二)原始文化的两大分期

人类早期使用的工具极为简单,主要是直接取自自然界的石材。根据该特点,我们把这个时期的文化称为石器时代的文化。

石器时代的文化又分为两个时期：对工具进行简单使用和加工的时期称为旧石器时代，对工具进行复杂使用和加工的时期称为新石器时代。

1. 旧石器时代

中国的旧石器时代最早可追溯到 200 万年前的巫山猿人时期。有代表性的还有云南的元谋猿人（170 万年前）、陕西的蓝田猿人（80 万年前）、北京的山顶洞人（3 万年前）。

2. 新石器时代

新石器时代距我们今天 1 万年左右。有代表性的有仰韶文化（河南）、良渚文化（浙江）、贾湖文化（河南）。

（1）仰韶文化

仰韶文化遗址位于河南省三门峡市渑池县城北 9 公里处的仰韶村，是距今 5 000 ~ 7 000 年中国新石器时代的文化代表之一。出土物品有用于农耕的石斧、铲、凿、锛等，用于狩猎的石镞、弹丸、石饼等，用于纺织的线坠、纺轮、骨针、骨锥等，陶器有鼎、罐、碗、盆、钵、杯、瓮、缸等。特别引人注目的是陶器上精美的装饰图案，其纹饰有宽带纹、网纹、花瓣纹、鱼纹、弦纹和几何图形纹等。（图 2.1，图 2.2）

图 2.1　仰韶文化遗址　　　　　　　图 2.2　仰韶文化半坡类型（人面鱼纹盆）

对仰韶文化的认识如下：

①这一时期人们对工具的使用更具有创造性。这种创造性不仅表现在对工具的较复杂的加工和使用上，更表现在人们已开始按自己的需求设计、制造工具。陶器就是这种现象的代表。

②农业文明已比较成熟。众多的农业生产用具说明农业生产已较为精细。

③审美形态已开始形成。陶盆上的图案说明人们对工具的使用已不满足其实用性，而是有了追求赏心悦目等方面的精神需求。

（2）良渚文化

良渚文化遗址在浙江余杭良渚镇，是铜石并用时代的文化，距今5 250 ~ 4 150年。出土物品：黑陶，制作精美，有的甚至涂漆；玉器，种类有珠、管、璧、璜、琮、蝉，其中玉琮高达18 ~ 23厘米，上面雕刻圆目兽面纹，工艺精湛，是中国古代玉器中的珍品，被誉为"玉琮王"；绢片、丝带和丝线，是中国远古时代最重要的家蚕丝织物。（图2.3，图2.4）

图2.3　良渚文化遗址　　　　　　图2.4　良渚文化遗址出土的玉琮

对良渚文化的认识如下。

①制造工具的水平较高。各种器皿做工考究、工艺精美，已经可以加工玉器、纺织丝绸。

②大量的装饰性物品说明精神需求对人们越来越重要。

③"玉琮"的出现说明这一时期宗教信仰已十分盛行。

④中国绢纺出现的证明。

（3）贾湖文化

图2.5 贾湖文化遗址

贾湖文化是20世纪80年代被发现的文化遗址，位于河南省舞阳县北舞渡镇西南1.5公里的贾湖村。保护区面积5.5万平方米，是一处规模较大、保存较为完整、文化积淀极为深厚的新石器时代早期遗存，距今约9 000年。（图2.5）

贾湖文化的重要内容如下。

图2.6 贾湖文化遗址出土的骨笛和文字符号

①世界上最早的乐器——骨笛。贾湖遗址共发掘出30余支骨笛，是世界上迄今为止发现最早、保存最完整的管乐器。贾湖骨笛有二孔、五孔、六孔、七孔和八孔笛，长度为17.3～24.6厘米，直径为0.9～1.72厘米，其制作材料为鹤的尺骨，制作规范、形制固定。经中央民族乐团黄翔鹏等音乐家对其中一支七孔笛测试，知其已具七声音阶，并能完整吹奏现代乐曲。它把人类音乐史向前推进了3 000多年。（图2.6）

②世界上最古老的"酒"。中国科技大学博士生导师、贾湖遗址主要发掘者张居中教授与美国宾夕法尼亚大学著名教授、博士帕特里克·麦克戈温合作，通过对出土陶器上的附着物进行研究证明：9 000年前贾湖人已经掌握了酒的酿造方法，所用原料包括大米、蜂蜜、葡萄和山楂等。目前，这一古酒配方已复制成功。

③世界原始宗教与卜筮起源。贾湖人盛行巫术崇拜。在他们的一些随葬品中，发现有装饰品、葬龟、权形骨器的成组随葬品，表明贾湖原始先民已有了原始崇拜的意识，对原始宗教与卜筮起源的研究具有十分重要的意义。

④世界稻作农业主要发源地。在贾湖遗址内，发掘出我国最早的碳化稻米及石磨盘、磨棒、石铲等实物资料，表明8 000年前这里已有了人工栽培稻的痕迹，

对研究稻作农业起源以及这一时期原始先民生产方式具有重要价值。（图2.7）

图 2.7　贾湖遗址出土的水稻化石

⑤世界上最早的文字起源——契刻符号。在遗址内发现了世界上目前最早与文字起源有关的实物资料——甲骨契刻符号。香港中文大学的饶宗颐先生指出，"贾湖刻符对汉字来源的关键性问题，提供了崭新的资料"，并被认为是"早于安阳殷墟的甲骨文卜辞4 000多年，领先于素称世界最早的古埃及纸草文字"，是迄今为止人类所知最早的文字雏形之一。

⑥世界上最早的家畜驯养地。世界上已公认狗的驯化家养始于贾湖。国内外专家的最新研究成果表明，猪的驯化圈养也始于同时期的贾湖。在遗址内还发现有马、羊及龟、鹤等动物，研究价值极大。这表明贾湖人的生产生活方式已相当丰富。

贾湖文化的重大意义如下。

①对中华文明5 000年说法的颠覆。过去一直说"中华文明五千年"，贾湖文化的发现，把中华文明几乎提前了一倍。我们必须对中华文化进行再认识。

②改写了诸多世界第一。贾湖文化不仅改写了中华文明，也改写了人类文明史，对人类文明史的研究具有重大意义。

③对汉字的产生提供了极其重要的实物证明。商代出现的甲骨文过去被认为是中国最古老的文字。但甲骨文相对成熟，应该还有更早的文字。贾湖契刻文字的出现，为还有比甲骨文更早的古文字的存在提供了依据。

二、传说中的中国古代文化

中国古代有盘古开天地的传说。说的是有一个叫盘古的人，用巨斧劈开浑沌，天地从此分开，世界由此形成。这个故事最早见于三国时期吴国徐整著的《三五历纪》及《五运历年纪》："天地浑沌如鸡子，盘古生其中。万八千岁，天地开辟，

图2.8 盘古开天图

阳清为天，阴浊为地。盘古在其中，一日九变，神于天，圣于地。天日高一丈，地日厚一丈，盘古日长一丈，如此万八千岁，天数极高，地数极深，盘古极长，后乃有三皇。"盘古后来"垂死化身，气成风云，声为雷霆；左眼为日，右眼为月，四肢五体为四极五岳，血液为江河，筋脉为地里，肌肉为田土，发为星辰，皮肤为草木，齿骨为金石，精髓为珠玉，汗流为雨泽，身之诸虫，因风所感，化为黎氓"。这个故事只是一个神话传说，是中国的《创世记》，是古人试图解释世界来历的幻想，不能当作历史来看待。（图2.8）

然而，这个传说却折射出中国传统文化的某些特质。

①显而易见的人本主义。创造世界的盘古是人而不是神，尽管他的出现像一个神话，但他终归是人的事实却无法改变，他最终死了。这是中国的《创世记》与西方的《创世记》的本质区别。

②对利他精神的颂扬。盘古不仅开辟了世界，更重要的是用他的死换来了世界的精彩，这是这个传说最动人之处。博爱与利他精神是中国传统文化的精华之一，我们在盘古身上已经看见其根源。

盘古后的"三皇五帝"的传说尽管也有离奇成分，但应该有其真实性。

"三皇"说的是远古时代三位杰出的部落领袖，具体人物版本较多，比较主流的说法是燧人氏、伏羲氏、神农氏。《尚书大传》云："燧人为燧皇，伏羲为戏（羲的通假字，编者注）皇，神农为农皇也。"相传燧人氏用钻木取火的方法学会用火，并将这种方法传授给人们，所以被后人称为"燧人氏"。伏羲发明了八卦，受八卦的启迪学会了织网、打鱼、狩猎，并将这些方法传授给族人；又说伏羲与妹妹（女娲）通婚，繁育了中国人。神农氏"长于姜水"，故取姓姜。《周易·系辞》里说他"斫木为耜（sì），揉木为耒（lěi），耒耨（nòu）之利，以教天下"，是最早教人耕田种地的人，也是最早用采自山间的草药为民治病的人。（图2.9—图2.11）

图2.9 燧人氏

图2.10 汉代伏羲女娲兄妹
石刻拓片

图2.11 神农氏

"五帝"分别是黄帝、颛顼、帝喾、唐尧、虞舜,他们是新石器晚期的父系时代中华民族出现的几位受人尊重的领袖人物。黄帝是神农氏之后的一位氏族领袖。司马迁在《史记·五帝本纪》中说他是"少典之子,姓公孙,名曰轩辕。生而神灵,弱而能言,幼而徇齐,长而敦敏,成而聪明",因长于姬水,后来便以姬为姓。他长大后,带领族人平息了外族的骚扰,打败了凶恶的蚩尤部落,统一了中原,被人们拥立为首领,因其"有土德之瑞,故号黄帝"。颛顼就是高阳氏,是黄帝的孙子,他"静渊以有谋,疏通而知事;养材以任地,载时以象天,依鬼神以制义,治气以教化,絜诚以祭祀",黄帝去世之后,他成为华族首领,被尊为"五帝"之一。帝喾就是高辛氏,是黄帝的曾孙,他"生而神灵,自言其名;普施利物,不於其身;聪以知远,明以察微;顺天之义,知民之急;仁而威,惠而信,修身而天下服"。唐尧是帝喾的次子,因曾是陶唐氏首领,故名唐尧。唐尧"其仁如天,其知如神","富而不骄,贵而不舒","能明驯德,以亲九族",在他的领导下,"百姓昭明,合和万国"。据史书记载,他是最早治理黄河水患的华族领袖。虞舜是唐尧后的第五位华族首领,因生于姚墟,故取姚姓,是有虞氏首领,故曰虞舜。舜早年"耕历山,渔雷泽,陶河滨,作什器於寿丘,就时於负夏。舜父瞽叟顽,母嚚,弟象傲,皆欲杀舜。舜顺适不失子道,兄弟孝慈。欲杀,不可得;即求,尝在侧"。因此,"年二十以孝闻,年三十尧举之,年五十摄行天子事，年五十八尧崩，年六十一代尧践帝位"[1]。舜因为知人善任，为民求利，选用大禹治理黄河水患，深受民众拥戴。

总的来说，"三皇五帝"的传说是旧石器时代晚期的母系氏族社会过渡到新石器时代父系氏族社会期间几位杰出的氏群部落领袖的事迹演绎，尽管有虚构、传奇成分，但应该有原型依据，可以作为了解先民历史的参考。著名历史学家范文澜先生在《中国通史简编》中说："汉以前人相信轩辕黄帝、颛顼、帝喾三人为华族祖先，当是事实。"需要注意的是，远古时期的"皇"和"帝"并非后来的"帝王"之意，它们是由对天神的尊称演绎成的对男性的尊称。屈原《离骚》中"帝高阳之苗裔兮，朕皇考曰伯庸"就是其例。所以，不能将"三皇五帝"与后来的帝王相提并论，前者是为民谋利、受人尊重的氏族英雄，后者是集权专制、压迫民众的统治者。

【14】

从"三皇五帝"的传说我们可看到这一时期的某些文化特征。

①母系氏族社会已解体，父系氏族社会开始出现。

②人类是从血缘繁衍进化而来的。

③中国姓氏的产生及发展特征。中国的姓氏产生在母系氏族社会，所以早期的姓常有女旁，如黄帝姓姬、炎帝姓姜、舜帝姓姚、大禹姓姒、秦始皇姓嬴等。后来人们因氏族发展而迁徙，姓氏便以封号、地名、环境、职业等而产生，如张、王、李、赵、唐、虞、陶、卜、司马、司徒等。

④德才兼备是中国古代认同的王者标准。

三、先秦文化

先秦文化是原始文化发展到国家形态文化的中国传统文化，它既是中国早期

【1】"三皇五帝"引文及相关情况见《大戴礼记》《史记·三皇本纪》《史记·五帝本纪》《国语·晋语》等。

文化的集大成，又是后世文化的奠基，是中国古代文化的第一个高峰和文化元基因，对后世文化影响巨大。之后2 000多年来的中国传统文化从根本上讲是先秦文化的延展与回应。因此，先秦文化的出现，标志着中国传统文化的形成。

（一）夏代文化

1. 中国国家形态的形成

夏代是有文献记载的中国第一个朝代，出现在公元前21世纪至公元前16世纪，建都在阳城（今河南登封）、安邑（今山西夏县）等地。

夏代的出现，结束了中国古代原始部落社会的历史，标志着中国国家形态的形成，也标志着中国至此由原始社会的无序状态进入国家行政管理的有序时代。

2. 文化成就

由于夏代历史久远，也没有成熟的文字，流传下来的文化遗迹较为罕见。20世纪50年代河南偃师市二里头村发现的"二里头文化"遗址是夏文化的重大发现，文化遗址中包含城址、宫殿建筑、村落、墓葬群，出土了大批陶器、石器、早期青铜器、玉器、象牙雕刻器和漆器等，是研究夏代经济和文化的珍贵资料。（图2.12）

图 2.12　二里头文化遗址

（1）天文历法

夏代的天文历法文化较为发达。天干（gān）、地支的概念已经出现，相传沿用至今的"夏历"（民间又叫"阴历"）就来源于夏代。尽管真正的夏历早已失传，今天所用的夏历其实是汉代出现的"汉历"，但人们仍然沿用了夏历的说法。

周代《大戴礼记》中的《夏小正》，是中国现存的最早的农事历书。虽然成书在周代晚期，但经历代学者考证，内存夏代资料，也有人认为它就是夏代的历法。

（2）青铜器的冶炼与使用

夏代已出现青铜器的冶炼与使用，诸多历史文献对此均有描述。如《墨子·耕柱》："昔日夏后开（启）使蜚廉折金于山川，而陶铸之于昆吾……九鼎既成，迁于三国。"《史记·封禅书》："禹收九牧之金，铸九鼎。"《越绝书》："禹穴之时，以铜为兵。"二里头文化遗址出土的青铜小刀和青铜锥证实了夏代已有青铜冶炼和使用的事实。

（3）官的出现

夏代是中国国家形态的开始。国家的形成，必然带来国家机构的建立，国家机构的建立，就必然导致行政者——官的产生。因此，中国的制度文化，可以追溯到夏代。根据《礼记·明堂位》"夏后氏官百，天子有三公、九卿、二十七大夫、八十一元士"的记载，夏代的官制已比较完善。

3. 对夏代文化的认识

①国家形态的形成为中华民族的生存发展提供了客观基础。

②官的出现，使中国从此进入行政管理的时代。

（二）商代文化

1. 商代文化是中国传统文化重要的里程碑

商代出现在公元前16至公元前11世纪，最早建都亳（今河南商丘），以后多次迁都。盘庚时将都城由奄（今山东曲阜）迁至殷（河南安阳），所以又叫作"殷商"。商代文化是中国传统文化重要的里程碑，中国传统文化在这个时期取得了辉煌的成就。

2. 重要文化现象

（1）青铜器制造水平的登峰造极

青铜的冶炼与制造技术在商代已经炉火纯青。尽管中国不是世界上最早冶炼、制造青铜器的国家，但商代的青铜冶炼技术与制造水平堪称当时世界第一。后母戊大方鼎就是商代青铜器的代表之作，其精美程度无与伦比。（图2.13）

图 2.13　后母戊大方鼎

（2）成熟文字的出现

19世纪末至20世纪初，在河南安阳小屯村陆续发现了10万余片甲骨文，学者们整理出古文字图形4 000余个，可识别的文字2 500多个。这些文字是古人用刀刻在龟甲或兽骨上的意义符号，所以叫作"甲骨文"。甲骨文是商人对占卜情况进行记载的文字符号，其内容包括政治、军事、文化、社会习俗等，涉及天文、历法、医药等科学技术。汉字是世界上唯一还在广泛使用的表意性文字，产生于古人对自然和事象特征的摹仿，其特征是用象征性的书写符号来指代一个特定的事象，古人称为"象形"。因此，它是表意的，不是直接或单纯表示语音的。这是汉字与英语等表音文字最大的区别。汉字的表意性特点使其具有丰富的人文内涵和审美意趣。造字需要想象和表现，认字和写字也需要想象，写字还需要高度的表现技巧和审美内涵。但"象形"的造字方法不利于文字的类型化、精细化发展。鉴于此，古人又在"象形"的基础上创造出指事、形声、会意、假借、转注的造字方法，使汉字的发展跳出单纯的"摹仿"局限而具有了无限可能。古人将以上六种造字方法合称为"汉字六书"。甲骨文已具备了"六书"的特点，展现了中国文字的独特魅力，是迄今为止我们可以看到的中国最早的成熟文字。（图2.14）

图 2.14　甲骨文

第二章　中国传统文化的形成

（3）儒的出现

商代是祭祀盛行的时代，上自国家大事，下到民间婚丧嫁娶，人们都要通过祭祀的方法来占卜天地、预测吉凶，以此作为兴利除弊的原则，"国之大事，在祀与戎"（《春秋左传·成公十三年》）。那些从事祭祀活动、掌握了祭祀专业知识与技能的人被人们称作"儒"或"术士"，也就是我们今天所说的知识分子。这样，知识分子群体在商代兴起。

3. 商代文化的重要意义

（1）中国文化有文字可考的时代

商代以前，文化只能用实物传承和口口相传，文化成果的遗失和变形不可避免。文字的出现，不仅可以记载、整理文化成果，使文化传承更具有客观性，同时，对文化传播和文明导向也具有巨大的推动作用。

（2）知识分子成为社会生活的重要力量

商代以前，不能说没有知识分子，但知识分子作为一个群体出现，是在商代形成的。文化需要记录和推广，更需要精英力量的参与。儒的出现，不仅有了大批记录文化的专业人士，有了文化传播的主力军，也使社会生活增加了精英力量。这对中国古代社会的文明进步具有极其重要的意义。

（三）周代文化

1. 周代文化是中国传统文化形成的标志

周代出现在公元前 11 世纪至公元前 221 年，建都镐（今陕西长安）。周平王东迁后史称"东周"，建都洛邑（今河南洛阳）。东周又分为春秋（公元前770—公元前476）、战国（公元前475—公元前221）时期。

（1）封建释义

"封建"的意思是"封邦建国"（《吕氏春秋通诠·慎势》），即古代的部落盟主或后来的君王将土地封赐给后代或有功之臣，以分层管理的形式建立宗法制部落或国家形态的方式。封建适应了周代社会的发展，其合理性是引进竞争机制，推动社会的多元发展。

中国上古时期，部落首领将土地封赏给后代或属下的现象就存在了，《史记·五帝本纪》里就有"诸侯咸尊轩辕为天子"的记载。商代后期，分封已较为普遍。周代，分封成为国家建制的主要形式。据《荀子·儒效》记载，周初分封了71国，姬姓之国有53个，周文王的儿子据有16国。后来，分封国家达到数百个，到春秋时，还有170多个。

（2）对分封制的认识

分封制是周代社会制度的主要形式，对社会进步和文化发展意义重大。

①分封制的特点是对国家实行宗主统一下的多元化分层管理，客观上推动了社会的竞争发展。

②分封的前提是建立分封的规矩（礼法），《周礼》的出现使古代中国从此步入有法可依、有章可循的时代。（图2.15）

③社会的多元化发展促进了政治、经济、文化的繁荣。

图2.15 《周礼》

2. 重要文化成果

（1）封建社会的形成

封建制度的确立，奠定了封建社会的礼法基础，2 000多年来，中国社会的文明进步正是以这个基础为起点的。

（2）生产方式的进步

周代为了适应社会多元化分层管理的态势，实行了井田制。周天子通过地方大小贵族，将土地资源层层转包、耕种。此举充分利用了土地资源，调动了社会生产的积极性，使劳动力作为重要的生产力得到确认（宗法制社会关系正是在这样的基础上得已形成），促进了生产工具的进步（战国时期铁器的出现，极大地

提高了生产效率），推动了经济的发展。（图 2.16，图 2.17）

图 2.16 甲骨文的"田"字　　　图 2.17 田耕劳作图

（3）"子学"的兴起

图 2.18 先秦诸子

社会的多元发展和竞争带来文化繁荣，"子学"的兴起成为中国古代第一个文化高峰。所谓"子学"，即诸子之学，是对各类知识学科流派汇集的称谓，是春秋战国时期中国各类学术成就的集大成。"子学"成为后世学术活动取之不尽的思想源泉。周代封建制的重要特点是向社会引进竞争机制，各国诸侯要想在竞争中脱颖而出，不仅要有强大的经济、军事，更要有正确的治国方略，这就为知识分子的著书立说提供了客观条件，也就是《荀子·解蔽》所说的"诸侯异政，百家异说"。所以，"子学"的产生，正是周代封建制的必然产物。（图 2.18）

3. 对周代文化的认识

周代是中国封建制的形成时期，也是中国古代文化繁荣的第一个高峰，对后世影响巨大。

（1）公平竞争、多元发展的时代

封建制的实质是通过分层管理的方式将国家引入多元发展、优胜劣汰的竞争模式，使社会成为开放、公平、自主发展的平台。这样的制度模式符合人类社会

【20】

文明进步的基本走向，是后来的大一统专制制度无法比肩的。正因为如此，周代形成的社会文明成为中国古代历代社会精英推崇的楷模。

需要说明的，周代的封建制与后世的封建制有本质上的区别：前者开放自由，后者封闭保守；前者多元并包，后者专制集权。这是我们在认识周代文化时应具有的基本常识。

（2）中国古代精英文化的发源

周代晚期出现的"子学"，荟萃了中国先秦各种重要的学术思想，取得了极高的学术成就，成为 2 000 多年来历代社会精英取之不尽的学术源泉。

（3）中国古代社会规范、文明取向的源头

周代出现的"周礼"以及在此基础上形成的"三礼"（《周礼》《仪礼》《礼记》）成为历代社会规范、行为准则的蓝本，是中国古代最为经典的社会契约。

单元互动

一、原始文化

1. 人类文化起源的标志是什么？

2. 仰韶文化和良渚文化是属于哪个时期的文化？

3. 贾湖文化的价值是什么？

二、传说中的中国古代文化

1. 如何认识盘古开天的传说？

2. "三皇五帝"的含义是什么？

3. 中国姓氏的产生、发展有什么特点？

三、先秦文化

1. 如何看待夏代文化的意义？

2. 商代文化的重要成就是什么？

3. 汉字产生的文化根源和造字原则是什么？

4. 什么是封建？如何看待其历史意义？

5. 什么是"子学"？其价值意义何在？

6. 你怎么看待《周礼》？

第三章
中国传统文化的基本特征及价值意义

一、中国传统文化形成的基本原因

文化是人类社会生活的产物，与人的生存实践密不可分。一般说来，环境是文化形成的物质基础，属于意识形态产物的文化，总是基于某种相应的物质条件的。从另一个角度讲，文化是意识形态，它总是在影响着环境、改变着环境、推动着社会的发展。因此，环境是文化形成的物质基础，文化是促进环境改变的意识形态，二者是互动关系。中国传统文化同样是具体的生存环境和生存实践的产物。

（一）客观原因

1. 封闭的地理环境

中华文明发轫于黄渭平原。黄渭平原的南面、西面、北面地势险峻，东面则是凶悍的夷人的地盘。因此，要在这块封闭而又相对狭小的土地资源上使人口众多的氏族部落繁衍生息，农业生产就成为中华民族的先民们唯一的选择。

2. 内陆性气候

黄渭平原属于典型的内陆性气候，这种少雨多旱的气候使先民们在农耕生产过程中需更多地依赖自然的变化。风调雨顺，则五谷丰登；天旱水涝，则颗粒无收。这样，对天（自然）的顺应与尊重就成为先民们生存的重要原则。

（二）现实原因

1. 农耕文化的形成

独特、封闭的地理环境使中华民族的先祖们既不可能选择西域各族那样的游牧生活，也不可能选择古希腊、古罗马人那样凭借海洋之便来从事商业贸易的生存之道，而只能选择农业生产作为生存之本。这样，农业文明成为中国传统文化生成、发展的核心要素。

2. 农业生产的三大要素

农业生产离不开土地。光有土地也不行，还要有风调雨顺、四时相谐。有了以上条件，还需有劳动力的投入。所以，土地、自然规律、体力是农业生产的三大要素。

（三）文化养成

人是环境的产物，文化是人的产物。客观环境和现实原因使中国式的农耕文化形成以下价值取向。

1. 注重天（自然）人和谐

由于农业生产对天（自然）的依赖性很强，是靠天吃饭的生存方式。古人在长期的生存实践中深刻认识到人的生存行为必须与天的规律保持一致，逆天（自然）背道（规律），将无法生存。所以，天人相谐成为中国古代最重要的思想观念。

2. 追求美善的价值取向

对自然规律依赖性极强的中国古代农耕文化使古人不太关心自然本身是什么，而更注重其规律特点是什么，人怎样才能更好地顺应、遵从这种规律，从而使自己的生存行为更为合理有序。因此，对人与自然关系的统一性、完美性的追求，

是中国传统文化最具个性特征的取向。（图3.1）

图 3.1　男耕女织

3. 对劳动力的崇拜

农业生产是体力劳动起关键作用的生产活动，播种、耕耘、收获无一不与体力劳动相联系。体力强健者不仅在生产中作用巨大，也是族人或家庭重要的生存支柱。因此，他们不仅受人尊重，也自然成为支配族人或家庭的"家长"。这种文化养成，成为后来"宗法制"社会结构的重要基础。

【24】

二、中国传统文化的基本特征

文化特征是文化品格的突出表现，是文化本质属性的鲜明体现。根据前面对中国传统文化形成原因的描述，我们对中国传统文化的基本特征概括为三个方面。

（一）注重天人和谐的和合取向

所谓和合取向，就是人与自然相互依存、和谐相融的思想观念。和合中的"和"是和谐、融洽之意；"合"是统一、完整之意。和合就是天与人融合为一、相互依存、共为一体。

中国传统文化来源于农耕文化，农业生产对天（自然）的规律依赖性极大，我们的祖先在长期的生存实践中形成顺应与尊重自然规律的传统，这种传统使他们必须站在天人统一的立场来看待人与自然的关系。在古人看来，自然中的一切是一个相互依存、相互关联的有机整体，这个整体的和谐融通，是一切事物合理存在的前提。《周易》里讲的"有天地然后有万物，有万物然后有男女，有男女然后有夫妇，有夫妇然后有父子，有父子然后有君臣，有君臣然后有上下，有上下然后礼义有所错"，"与天地合其德，与日月合其明，与四时合其序"；老子说的"人法地，地法天，天法道，道法自然"；庄子说的"天地与我并生，而万物与我为一"；《中庸·天命》讲的"致中和，天地位焉，万物育焉"；《春秋繁露·循天之道》所说的"和者，天地之正也"，"德莫大于和"；《吕氏春秋·有始》说的"天地合和，生之大经也"……就是这种思想的理论描述。在中国古代文献中，这样的描述举不胜举。我们熟悉的儒家的"天人合一"思想，道家的"道统万物"理念，佛家的"依正不二"法则都是这种思想的产物。所以，古人看待问题不是简单地以人为目的，而是以人和天（自然）的合理相融为最高原则。也就是说，人的生存合理性是由其与天地万物共生关系的整体合理性所决定的，与天地万物谐调相融，是人合理生存的基础。因此，"和合"思想成为中国传统文化中最重要的思想内容和价值取向。

和合取向的文化特点：从人与外界的整体关系上去看待问题、处理问题，跳出狭小的个人立场去求取远大的实在与共同的根本利益，用整体性、包容性去覆盖与整合差异性、矛盾性，用"和而不同""求同存异"的方式去化解暂时无法解决的冲突与分歧。它是忽略小我而注重大我，无视小利而追求大有，跳出刻板而注重变通，放弃当前而着眼未来的大智慧。

中国传统文化中和合思想的智慧之处：把人的生命意义回归到自然本元，使人的存在价值与自然母体融为一体，从而超越狭隘、自闭的人本局限，实现宇宙生命体的和谐融通、有序共存。法国文化学者汤因比（Arnold Joseph Toynbee）为此曾感叹：当今社会"最重要的精神就是中国文明的精髓——和谐"，唯有这种理念和思维方法，"才是人类拯救自己的唯一希望"。[1]

【1】田广青.和谐论[M].北京：中国华侨出版社，1998：40.

（二）重生博爱的"生生"思想

"生生"思想即古人关于生命、生长、生存的思想，其概念来源于《周易·系辞下》"生生之谓易"的说法。

古人从对人与自然关系的长期深刻观察与感悟中认识到，宇宙存在的目的就是不断地化育生命，"生生之谓易"。人作为"大化流行"的一员，必然以天地之理，即天地生成万物的生生之理作为行为的原则。因此，"生生"思想成为中国传统文化显著的特色。

古人关于"生生"的思想包含如下内容。

1. 生是宇宙规律、天地之道

例如，"易有太极，是生两仪，两仪生四象，四象生八卦，八卦定吉凶，吉凶生大业"；"生生之谓易"（《易经·系辞下传》）。"生之谓性"（《孟子·告子上》）。"道生一，一生二，二生三，三生万物"（《老子·四十二章》）。生既然为天地之道，人就要遵从与顺应。

2. 生是宇宙永恒而普遍的表现

生是大化流行、生生不息。例如，"天何言哉？四时行焉，百物生焉"（《论语·阳货第十七》）。"天地万物，一人之身也，此之谓大同"（《吕氏春秋·有始》）。"二气交感，化生万物，万物生生而变化无穷焉"（周敦颐《太极图说》）。"道则自然生万物"（《二程集》）。宇宙中的生命现象是一个统一的整体，人对其他生命的关心，也就是对自己的关心。

3. 生命由天之所出，故应受到尊重

例如，"惟天阴骘下民，相协厥居"（《尚书·洪范》）。"尽其心者，知其性也，知其性，则知天矣"（《孟子·尽心上》）。"天地以生物为心，而所生之物，皆得夫天地生物之心以为心，故人有不忍之心"（朱熹《仁说》）。"民吾同胞，物吾与也"（张载《正蒙·乾称篇》）。对生命的敬重，也就是顺应天理。

4.生是最高的道德范畴

例如，"天地之大德曰生"（《易经·系辞下传》）。"唯天下至诚，为能尽其性；能尽其性则能尽人之性；能尽人之性，则能尽物之性；能尽物之性，则可以赞天地之化育；可以赞天地之化育，则可以与天地参矣"（《中庸·天命》）。"生之性便是仁"（《二程集》）。生就是"亲亲而仁民，仁民而爱物"（《孟子·尽心上》）。既然天地以生为道，对生命的关爱也就成为循天重道的最高道德规范。

在古人看来，生育是宇宙（天）的终极，是天地的本元，天地万物，莫不是生的结果。因此，生之道是最高价值范畴，生命、生长应受到尊重。生化育万物而不争，万物受其恩泽而生生不已，这样，生不仅是物质本元，也是价值本元；既是天地之道，也是道德之尊。中国古代"尊天""尚道""重生""修德"的传统正是这种认识的反映。儒家推崇的"仁""爱""孝""慈""民胞物与"，道家追求的"无为而治""小国寡民""至德之世"，佛家奉行的"慈悲为怀""普度众生""行善修德"是这种思想的集中体现。

"生生"思想把生命与生存看成宇宙的本质，各种生命现象不是孤立的，而是关联的；不是对立的，而是和谐的。它们相互依存、互为关系、共生共荣，形成宇宙生态整体。因此，对生命的尊重，就不仅仅是着眼于人，还须兼及天地万物。这样，中国古代的"生生"思想通过对生命、生存本质的深刻把握，把人与人、人与物、人与自然的关系统一起来，在一种宏大的生存视角与博爱胸怀的层面上，实现了人对自身世俗立场的价值超越，从而使人在对待自我、他人、自然的态度上，有了更为符合万物一体这一终极走向的智性选择。

（三）追求美善的文化传统

所谓美善的文化传统是指中国古代人们在自然关系、社会关系中表现出来的注重事物整体和谐、追求天人融洽共通的文化传统，其特征是以天（自然）人一体的整体性为出发点，以天人关系的和谐融通为归宿。前面说到，中国式的农

耕文化决定了我们的祖先在人与自然的关系问题上总是把人还原到自然的母体之中。人的一切行为，必须与自然的规律与要求保持一致，天人关系的和谐融通，是人合理生存的原则。在这样的价值基础上，中国传统文化形成了不追求人本体的狭隘利好，而更注重事物关系的整体谐调融洽和由此形成的完美关系；不刻意于事物间的个性诉求与功利得失，而更在意事物相关性的整体利益与长远目标的文化传统。这一传统是中国传统文化有别于西方人类中心主义文化和所谓求真文化的显著品格。

所谓人类中心主义，简单地说，就是把人的生存利益当作宇宙最高价值取向的观念和立场。西方文化的重要来源一是基督文化，二是形而上学思潮。按基督文化的观点，人是上帝的复制品，是上帝制造出来代管地球的。因此，人是地球的主宰，其权利神圣不可侵犯。由柏拉图、亚里士多德等人开创的形而上学思潮2 000多年来是西方文化的主流思潮。这种观念以天人相分为立场，把人与自然看成彼此对立的主客关系，人是观念的主体，世界是观念的客体，人认识、支配着世界，世界被人所认识和支配。因此，在人与自然的关系中，"人是最后的目的"（康德《目的论》），人的利益成为一切关系的最高原则和最终目的。

中国文化是天人一体的文化。我们的祖先以农业为生存之本，农业生产对自然规律的依赖性很大。中国人常说的"靠天吃饭"就是讲的这个道理。对自然规律的顺应和尊重使我们的祖先必须站在天人统一的立场来看待人与自然的关系。在古人看来，自然中的一切是一个相互依存、相互关联的有机整体，这个整体的和谐融通，是一切事物合理存在的前提。儒家的"天人合一"，道家的"道统万物"，佛家的"依正不二"都是讲的这个道理。所以，古人看待问题不是简单地以人为目的，而是以人和天（自然）的合理相融为最高原则。

所谓求真文化是指建立在物质细分和功利权衡基础上的文化。从人的角度讲，这种文化当然有其合理性，它维护了人的利益。但从人与世界的关系讲，它又是狭隘与自私的，因为人的利益只是万物共存的利益的一环，归根到底，它应该让位于万物共存的利益，否则，人的利益只是短暂和有害的。对利益的追求，确实存在大与小两种境界。

再来看看真、善、美的关系：真以客观为前提，美和善以真为前提；美和善可以包含真，而真却不一定包含美和善；真是实际的利好，美和善则是更为远大的利好；美和善是事物的合理与融洽，而真未必是合理与融洽。因此，美善文化是一种更为宏大豁达的文化，它是一种在真的基础上升华了的智性文化。中国传统文化中和谐包容、兼济中庸的文化特点，就是这种文化传统的典型表现。

在古人看来，自然之常态为"道"，而万物对自然的顺应为"德"。按今天的话讲，自然恒定、不变的规律叫"道"，而一切事物受它的影响叫"德"。所以老子讲"道生之，德畜之，物形之，势成之。万物莫不尊道而贵德"（《老子·五十一章》）。这里，道是万物的本原，而德则是万物对道这个本原的顺应。庄子进一步将这种关系理解为："通于天地者，德也；行于万物者，道也"；"物得以生，谓之德"（《庄子·天地篇》）。道与德是相互依存的：道是德的依据，德是道的回应，道与德的融洽谐调就形成美和善。人作为道的产物，其人之为人的依据当然也就是对大道的尊重与顺应。这样，道与德的完美结合，成为人追求美善的最高境界。

本来，道德指人对自然之道的回应，而重生博爱是顺天应道的重要内容，久而久之，重生博爱的行为就逐渐演变为道德的内容而成为道德的代词，同时也成为中国传统文化追求美善关系的重要内容。孔子讲"好仁者，无以尚之！"（《论语·里仁》），老子讲"万物莫不尊道而贵德"，程颢讲"仁者浑然与物同体"（《识仁篇》），王阳明讲"大人者，以天地万物为一体者也"（《大学问》）。道德文化传统之所以成为中国传统文化追求至善至美的重要内容，是因为古人认为，只有道德实践，才是真正契合了天地的精神，才有可能使人超越庸俗、狭隘的世俗意识而进入普天同一的理想境界，实现"大同"世界的美善目标。这其实也是中国传统文化为何崇尚"人文"而忽略"科学"的重要原因。

"战后"的日本在中国传统的孝悌文化中推出了"三恩运动"，从中国传统的和合理念中提炼出"团队精神"，使其成为强大的社会动力，帮助日本很快在世界重新崛起。始建于公元 14 世纪的韩国著名的成均馆大学，至今仍然把中国儒家思想的精华作为特色鲜明的大学精神，其校训就是"仁、义、礼、智"。

　　日本当代哲学家、农学家针对现代化的病态农业，依据老子的"道法自然"观，提出了"自然农法"的思想。美国当代著名建筑大师赖特针对西方传统思想中人与自然相对立的建筑美学，依据老子崇尚自然的思想，提出了天人合一的"天之自成"的"有机建筑"理论。日本及美国当代管理学家针对西方传统的"功能管理""计量管理"等"硬性管理"所带来的弊端，依据老子"无为而治"的思想，提出了"软性管理"的理念。

　　著名美国军事家克拉维尔评价《孙子兵法》说："我真诚地相信，如果我们现代的军政领导人研究过这部天才的著作，越南战争就不会是那种打法，我们就不会有朝鲜战争的失败，而且完全有可能，两次世界大战会予以避免。我真诚地希望把《孙子兵法》列为自由世界中所有现役官兵、一切从事政治活动的人和政府官员以及所有大中学生的必读之作。"[1]

　　新加坡在 1980 年开始推行以中国儒家文化为中心内容的"文化再生"运动。1982 年，李光耀号召新加坡人民保持和发扬中华民族儒家的传统道德，把中国儒家理念中的"忠、孝、仁、爱、礼、义、廉、耻"作为国家的"治国之道"。1990 年 2 月，新加坡政府发表了充满儒家伦理精神的《共同价值白皮书》，该书提出了五大共同价值观：①国家至上，社会为先；②家庭为根，社会为本；③关怀扶持，同舟共济；④求同存异，协商共识；⑤种族和谐，宗教宽容。其儒家理念显而易见。

　　今天，中国的传统文化中的思想精华已成为新加坡的核心价值理念。

　　一些重要的西方学者早就认识到中国传统文化的独特价值。罗素就曾向世人

【1】国防报 [N]，2002-09-03(6)．

急呼："中国至高无上的伦理品质中的一些东西，现代世界极为需要。"[1]1988年，在巴黎召开的"面向21世纪"第一届诺贝尔奖获得者国际会议上，诺贝尔物理学奖得主、瑞典科学家汉内斯·阿尔文博士指出："人类要生存下去，就必须回到25个世纪之前，去汲取孔子的智慧。"[2]英国著名文化学者汤因比认为，当今社会，"最重要的精神就是中国文明的精髓——和谐"[3]。奥地利著名心理学家卡尔·荣格指出，应该转换西方人已经偏执化了的心灵，学习整体性领悟世界的东方智慧。当代西方"过程哲学"认为，"天人合一"思想对解决当前的生态环境危机具有重要意义。美国学者约翰·希里格斯在其与英国学者合著的《混沌七鉴——来自易学的永恒智慧》一书中说："《易经》对我们特别有启示。"[4]

近二三十年来，特别是进入21世纪以来，西方一些著名的学者更是把目光转向了东方，转向了中国，从中国的文化中汲取营养。

四、中国传统文化的独特价值和在当代具有的重大现实意义

（一）和谐理念：化解当代矛盾的大智慧

当代社会是一个工具理性（科学技术）独霸天下的时代。从西方工业文明中衍生出的工具理性在将世界客观化、精确化、效用化的同时，也将世界条块化、零散化、矛盾化。比如，在哲学观念上，对人的个体价值的深度分析与定位，使人获得足够的人格尊严与个体权利的同时，也导致自我意识膨胀、群体意识消解、社会责任感退减，以情感和道德为纽带的社会关系解体，人与人、人与世界

【1】伯兰特·罗素.中国问题[M].秦悦，译.上海：学林出版社，1996：154.

【2】刘景录.从"和而不同"到和谐共处[N].人民日报，2005-08-12(13).

【3】田广青.和谐论[M].北京：中国华侨出版社，1998：40.

【4】汤一介.反思中的西方学者看中国传统文化[N].人民日报，2013-06-21.

的关系日益复杂化。早在 19 世纪末，德国社会学家斐迪南·滕尼斯（Ferdinand Tonnies）在其《共同体与社会》（1887）一书中，就对这种以契约和计算为特征的精确理性社会关系深表不安，指出："这些关系源自个人决定和自身利益""人人都是孤立的，人与人之间存在着一种对立的紧张""人人都拒绝他人联系和进入他的领域关系，例如侵入被视为一种恶意的行为""没有人想授予他人和为他人生产什么东西，如果不是为了交换他认为至少和他所给出的东西相对等的礼物或劳动，他也不会慷慨地给他人什么东西"。[1]齐美尔（Georg Simmel）则认为，工具理性使现代社会成为一个物化世界，它的发展导致"过去时代所特有的内心感受的质量的下降，精神生活的平均化"[2]。滕尼斯和齐美尔在揭示西方理性主义带来的负面社会效应上是相当客观的：在片面的精确性后面，是整体的失衡与冲突。在经济生产上，对资本功能的过度夸大与渲染，使资本价值获得最大功能化的同时，也刺激、诱导了物欲主义的泛滥。当今社会，经济成为社会决定性结构要素的事实已不容置疑："首先被供养的是资本，在它的毁坏每个指称物、每个人类目标的全部历史之中，资本粉碎了在真和假、好和坏之间所作的每一次概念化的区分，这是为了建立等价和交换的基本法则、其权力的铁定法则。"[3]在这样的前提下，以高度的人际关系、情感纽带、道德义务、社会凝聚力和经久的连续性为结构要素的传统文明的解体就不可避免，取而代之的是社会成员和社会组织间贫富差异、利益冲突引发的争斗与矛盾。在技术实践上，工具理性在带来高科技、高物质的同时，也正在改写人的文化属性，人被物所异化已日益成为事实。所以，利奥塔德（J.F.Leotard）在《后现代状况：关于知识的报告》中说："数据库成为后现代人的本性。"[4]而布希亚德（Jean-Baudrillard）则称，后现代社会的人正在成为媒体的终端接收器。[5]工具理性带来的这些负面影响，我们是应该

【1】G.希尔贝克，N.伊耶.西方哲学史 [M].童世骏，等，译.上海：上海译文出版社，2004：531-533.
【2】于海.西方社会思想史 [M].上海：复旦大学出版社，1993：305.
【3】阿列克斯·考林尼柯斯.商品拜物教之镜：让·鲍德里亚和晚期资本主义文化 [J].王昶，译.当代电影，1999(2).
【4】王岳川.后现代主义文化与美学 [M].北京：北京大学出版社，1992：205.
【5】朱立元.当代西方文艺理论 [M].2 版.上海：华东师范大学出版社，2005：390.

第三章　中国传统文化的基本特征及价值意义

高度警惕的。重要的是：工具理性的这种导向，果真是人类的未来吗？

中国传统文化则刚刚相反。从大处着眼，去追求宇宙生命体的整体有序是中国古代"和谐"思想的核心理念。《中庸》对这种思想的产生作了如下阐述："天命之谓性"，人的本性是天（自然）赋予的，"唯天下至诚，为能尽其性"，若能做到至诚与至善，便是懂得了天对人的要求，"能尽其性，则能尽人之性；能尽人之性，则能尽物之性；能尽物之性，则可以赞天地之化育；可以赞天地之化育，则可以与天地参矣"。懂得了天对自己的要求，也就懂得了天对他人的要求；懂得了天对他人的要求，也就懂得了天对万物的要求；懂得了天对万物的要求，也就可以帮助天地化育万物，而与天地齐准了。这样，人通过对心性的感悟与修正，可以保持与天道的一致，而与天道保持一致，正是实现天人合一、万物共荣的最高生存目的。基于这种理念，中国传统文化表现出鲜明的"和为贵"（《论语·学而》）特征："致中和，天地位焉，万物有焉"（《中庸》）；"夫德莫大于和，而道莫亚于中"（《春秋繁露·循天之道》）；"礼者，中和之法；仁者，中和之行"；"乐以中和为本"，"政以中和为美"，"刑以中和为贵"（司马光《中和论》）。因此，中国传统智慧总是善于用整体性、包容性去覆盖并整合差异性和矛盾性，从而形成天人合一、万物融通的和谐局面。比如，儒家文化的"天人合一"，用自然的完美去校正人世的不足；"礼乐之治"，用道德之善与审美之用来修补人性的残缺；道家的"清静无为"，用超越时俗的精神追求来抚慰现实中的人生苦恼；"无欲""不争"，把个人私欲引导到与"万物齐一"的宇宙意识；佛教的"善""忍"，让人从现实的"苦海"回头，而通向"静寂""性空"的"彼岸"；墨家的"兼爱""非攻"，通过"四海之内皆兄弟"的大爱，去化解个人的恩怨得失，从而创造出连绵数千年的民族统一和国家完整的人类奇迹。英国当代文化学者汤因比曾为此感叹道："就中国人来说，几千年来，比世界任何民族都成功地把几亿民众，从政治文化上团结起来。他们显示出这种在政治、文化上统一的

【34】

本领，具有无与伦比的成功经验。这样的统一正是今天世界的绝对要求。"[1]

"和而不同"（《论语·子路》）、"求同存异""以和为贵"是中国古代哲人的大智慧，也是当今这个矛盾迭出的世界所急切需要的精神财富。人类因利益引发的冲突是客观的，但人类却不能因为利益冲突而无休止地争斗下去，懂得忍让与克制，是人类"大同"的终极要求。鉴于此，中国古代以整体平衡为价值取向的和合文化，无疑是化解当代矛盾、让世界回归和平的大智慧。1988 年，在巴黎召开的"面向 21 世纪"第一届诺贝尔奖获得者国际会议上，诺贝尔物理学奖得主、瑞典科学家汉内斯·阿尔文博士指出："人类要生存下去，就必须回到 25 个世纪之前，去汲取孔子的智慧。"[2]汤因比也曾坦言，当今社会"最重要的精神就是中国文明的精髓——和谐"，唯有这种理念和思维方法，"才是人类拯救自己的唯一希望"。[3]

【35】

（二）"生生"思想：着眼整体生命价值的大眼界

宇宙是生命的集合体，我们生活的世界，是万物一体的存在，正是这种万物一体的存在，世界才呈现出无比的生动与精彩。换言之，对宇宙万物一体生命体的破坏，其实也是人类对自身的伤害。然而，以"人类中心主义"为价值取向的西方工具理性，却曾经把对自然的征服与破坏作为"真理"。"现代的科学文明是以对立关系处理人和自然界的，它的出发点是为了人的利益去征服和利用自然"。[4]自然为人所用或人是自然的主宰曾经是西方文化流行的"真理"，近代科学正是迎合这种价值取向的产物。恩格斯就作出过警告："我们不要过分陶醉于我们人类对自然界的胜利。对于每一次这样的胜利，自然界都对我们进行报

【1】汤因比，池田大作.展望二十一世纪——汤因比与池田大作对话录[M].荀春生，等，译.北京：国际文化出版公司，1997：284.
【2】刘景录.从"和而不同"到和谐共处[N].人民日报，2005-8-12(13).
【3】田广青.和谐论[M].北京：中国华侨出版社，1998：40.
【4】汤因比，池田大作.展望二十一世纪——汤因比与池田大作对话录[M].荀春生，等，译.北京：国际文化出版公司，1997：30.

复。""因此，我们必须在每一步都记住：我们统治自然界，绝不像征服者统治异民族那样，绝不同于站在自然界以外的某一个人——相反，我们连同肉、血和脑都是属于自然界并存在于其中的；我们对自然界的全部支配力量就是我们比其他一切生物强，能够认识和正确运用自然规律。"[1]尽管人类今天在努力弥补曾经犯下的过失，但生态环境遭受重创给人类生存带来种种危机却层出不穷。

中国传统文化中的"生生"思想则是超越"人类中心主义"狭隘意识的生命观。这种思想的核心，是把生命与生命现象回归到自然，从自然和元规律的角度来诠释生命现象。在古人看来，自然以创造生命和化育万物为目的："道生一，一生二，二生三，三生万物"（《老子·四十二章》）；"道则自然生万物"（《二程语录·卷十五》）。生命与生长，是自然的最高法则："生生之谓易""天地之大德曰生"（《周易·系辞下传》）。"生之谓性也"（《孟子·告子上》）。自然不仅是生命的根源，而且是生命意义和价值意义的根源："物得以生，谓之德"（《庄子·天地》）；"德者，道之舍，物得以生生（《管子·心术上》）；"天地以生物为心"，"仁之道，乃天地生物之心"（朱熹《仁说》）。"生生"思想对生命和生命现象的理解，源于对自然真相的深省与把握。《周易》对此作过较为生动的描述："古者包牺氏之王天下也，仰则观象于天，俯则观法于地，观鸟兽之文与地之宜，近取诸身，远取诸物，于是始作八卦，以通神明之德，以类万物之情"（《周易·系辞下传》）。这样，古人通过对自然真相的准确把握，把自然之道与人的生命观、生存观作了完美的统一。这种"与天地相似，故不违；知周乎万物，而道济天下，故不过"，"范围天地之化而不过，曲成万物而不遗"（《周易·系辞上传》），"依乎天理，因其固然"（《庄子·养生主》），以诠释自然真相为本的生命观，较之用人的狭隘立场和利己主义去取代宇宙终极事实的"人类中心主义"，无疑是更高的智慧。

在这样的认识基础上，中国古代生命意识中的"天人合一""依正不二"（生

---

[1] 恩格斯.自然辩证法 [A].马克思，恩格斯.马克思恩格斯选集[C].北京：人民出版社，1995：383.

命主体与其环境是一体不二的关系）、"道法自然"的思想就越发闪现出智慧的光芒。因为，不管人类面临的世界多么复杂，也不管人类进化到多么先进，人类是自然界有机组成的事实是一个不容置疑的"元真理"。人类文明的发展不能超越道法自然的界限，任何对这个"元真理"的侵害都是一种自不量力的愚蠢之举。统览天地之象的视角才是大眼界，因循宇宙之道的智慧才是大智慧，一种"几于道"的认识观和方法论，遵循的是克制人的小欲望的"无为"（尊重自然之道而不妄为），得到的是实现天人、万物和谐共荣的"无不为"（无所不在、无所不有）。"为无为"（因循自然规律而不妄为），是为了"无不为"（无所不在的大实在、大实有）。因此，"为无为，则无不治（没有不和谐、顺通的）"。（《老子·三章》）

汤因比在论及中国传统文化时谈道："要想支配宇宙就要遭到挫败。我认为这是道教带来的最宝贵的直感。""人的目的不是狂妄地支配自己以外的自然，而是有一种必须和自然保持协调而生存的信念。""中国文化培育的世界主义与世界精神"，在人类已经掌握了可以毁灭自己的高度技术文明手段，同时又处于有政治意识形态营垒的今天，才是避免人类集体自杀的"世界的绝对要求"。[1]因此，"生生"思想在危机重重的当代社会，仍然是启示人类理性生存的大智慧。

（三）美善追求：引导人类走向大同的必由之路

当今世界，西方文化的强势有目共睹。以工具理性为核心价值取向的西方理性主义文化是一种以精确分析和利益驱动为特点的求真文化。西方文化在为当代社会创造出巨大物质财富的同时，也将世界日益精细化、功利化。这样的结果是自我意识膨胀、物质主义横流、群体意识消解、社会责任感退减，以情感和道德为纽带的社会关系解体，人与人、人与世界的关系日益复杂化。西方理性主义文

【1】汤因比，池田大作.展望二十一世纪——汤因比与池田大作对话录[M].荀春生，等，译.北京：国际文化出版公司，1997：277-284.

化带来的社会危机,我们已经十分熟悉。中国传统文化则相反,它以包容和整体谐调为原则,注重天人一体的整体统一与融洽关系。因此,中国传统文化是以人文理性为核心价值取向、以整体融通和远大目标为特点的美善文化。反映在社会关系上,中国传统文化更看重人际关系中的情感、伦理、义务等共性价值因素。对生命、生存现象的认识不仅仅停留在对具体的生命、生存现象的孤立与静态认识上,而是将关注点放在其关联性、普遍性上,也就是这些现象间的关系是否和谐与合理的问题。这样,中西方文化在这个问题上的差异是:西方理性主文化关注的是人的个体本身,在对生命的物质本质、精神特征的客观认识基础上,形成以强调生命个体情感、意志、权利为内容的人权、自我、个性等意识,由此带来西方社会人际关系的对立与自闭;中国美善文化关注的是人的社会化价值,在对人与社会关系整体认识的基础上,形成以协调人的社会关系为目的的道德、伦理、礼序等意识,由此带来中国古代社会人际关系的和睦与融洽。可见,美善文化是超越理性主义文化的固化立场,使人类更具有宏大视角与灵通智慧的文化。

纵观世事,人类社会危机无不源于利己主义与狭隘立场。以自我为中心、以小利为目的,人类将永远争斗和相残,世界将永远对立而混乱。而要让人类舍去小利而获取大有、放弃私欲而实现大同,恐怕唯更具有宏大视角与智慧的美善文化而不可。因为,只有在这种文化的引导下,人类才会具有更为宽阔的眼界与博大的胸怀,从而实现大同理想的终极走向。或许,这正是罗素在近一个世纪前所说的"中国至高无上的伦理品质中的一些东西,现代世界极为需要"[1]的验证。

单元互动 一、中国传统文化形成的基本原因
1. 中国传统文形成的基本原因是什么?
2. 如何认识文化与环境的关系?

【1】伯兰特·罗素.中国问题[M].秦悦,译.上海:学林出版社,1996:154.

追求万物一体的完美状态是中国文化的最高原则，也是中国传统文化有别于其他文化的瞩目亮点。"和也者，天下之达道也""致中和，天地位焉，万物育焉"（《中庸·天命》）；"和者，天地之正也"（《春秋繁露·循天之道》）；"天地合和，生之大经也"（《吕氏春秋·有始》）。无论是传统的"五行学说"，《周易》里的"阴阳变化"，思孟学派的"性天相通""天人合一"，老庄的"道法自然""物我为一"，还是佛家的"功德圆满""众生平等"，其基本点都是讲天地万物间的这种美善关系的。这种文化所具有的大眼界、大智慧，是人类跳出自以为是、回归世界大同的必然归宿。以此而论，中国求美求善文化代表了人类文化理性发展的必由之路。所以，钱穆先生晚年在《中国文化对人类未来可有的贡献》里谈到"天人合一"时曾说："我深信中国文化对世界人类求生存之贡献，主要亦即在此。"

三、中国传统文化对人类文明的贡献

中国传统文化在明清之际传播到了欧洲，对法国18世纪的启蒙思想家产生过较大的影响，直接或间接地影响了法国的启蒙运动，影响了德国的辩证法思想。如笛卡儿、卢梭、伏尔泰、孟德斯鸠、狄德罗、霍尔巴赫，他们对中国文化的推崇程度，让我们感到震惊。伏尔泰在自家的礼拜堂里供奉着孔子的画像，把孔子奉为人类道德的楷模。德国哲学家从莱布尼茨、康德、费希特、谢林、黑格尔直到费尔巴哈以及大文豪歌德等人都研究过中国哲学，在不同程度上受到过中国文化的影响。如莱布尼茨就认为，正是中国的发现，才使欧洲人从宗教的迷惘中觉醒过来。从20世纪下半叶开始，西方学术界对西方现代文化进行了比较全面的反思，得出两个基本命题和结论。第一个命题就是，"中国文化对欧洲启蒙思想产生过重要影响"；第二个命题就是，"启蒙思想是西方社会现代化进程中的必要条件"。结论：西方的现代化进程受到过中国传统文化的影响。[1]

【1】澳大利亚，海外华人网，2006-05-31。

二、中国传统文化的基本特征

1. 如何理解和合思想的文化根源？

2. "生生"思想的依据是什么？

3. 美善文化的特点是什么？

三、中国传统文化对人类文明的贡献

1. 中国传统文化从什么时候开始对欧洲产生重要影响？

2. 西方学者研究中国传统文化对西方影响的结论是什么？

3. 是哪位西方学者认为西方人应转换偏执化了的心灵，学习整体性领悟
世界的东方智慧？

四、中国传统文化的独特价值和在当代具有的重大现实意义

1. 说说你对"和合思想是化解当代矛盾的大智慧"的看法。

2. 为什么说"生生"思想是着眼整体生命价值的大眼界？

3. 说说美善追求是引导人类走向大同的必由之路的理由。

第四章
儒、道、佛文化

一、儒家文化

（一）儒、儒家、儒学

儒是商代对术士的称谓。东汉许慎《说文解字》对儒的解释是"术士之称"。所谓术士，是指在商代具备专业的祭祀知识和技能的人，"通天地之人曰儒"（扬雄《法言·君子》）。后来儒泛指具有专业知识与专业技能的人。我们今天把具备专业知识与专业技能的人称为知识分子，所以，儒是商代对知识分子的称谓。

儒家是孔子创立的思想、学术流派，产生于春秋晚期。由于孔子早年曾从事过儒的工作，所以由他创立的学派被称为儒家。儒家本来只是春秋晚期出现的所谓"诸子百家"中的一个流派，汉武帝后，儒家思想逐渐成为中国社会的主流思想，儒家文化也成为中国传统文化的重要内容。（图 4.1）

儒学是以孔孟思想为核心的学说。儒学的内容博大精深，按不同时期分为先秦儒学、两汉经学、宋明理学、

图 4.1　孔子像

图 4.2　部分儒家经典

清代实学。儒学是中国古代学术、思想的主要内容，对中国古代社会影响巨大，"四书五经"和"十三经"是儒学的代表。（表 4.1，图 4.2）

表 4.1　儒学经典一览表

开始朝代	儒家经典
汉代	《诗经》《尚书》《仪礼》《乐经》《周易》《春秋》，（因秦始皇"焚书坑儒"，《乐经》从此失传）
东汉	加入《论语》《孝经》，共七经
唐代	加入《周礼》《礼记》《春秋公羊传》《春秋谷梁传》《尔雅》，共十二经
五代	加入《孟子》，共十三经

（二）儒学的基本内容

1. 思想核心——仁

"仁"是儒家学说的核心内容。儒家学说的内容博大精深、源远流长，但其核心内容是"仁"。

（1）广义的"仁"

"仁"的本义是指古人的美好德行，其含义宽泛，包括恭、宽、信、敏、惠、智、勇、忠、恕、孝。《诗经·郑风·叔于田》就有关于"仁"的描述："洵美且仁。"《尚书·仲虺之诰》对"仁"的说法是"仁，爱也"；《说文解字》对"仁"的解释是"仁，亲也"。也就是说，"仁"是美好的德行，是人与人之间相亲相爱的行为。

（2）仁学

孔子对"仁"的社会现象进行了理论提炼与概括，形成了"仁"的理论学说，使"仁"成为其最重要的思想内容。据统计，《论语》中"仁"的出现有 109 次。

2 000多年来，"仁"成为儒家思想最重要的内容，对中国古代社会的影响极其深远。所以，狭义的"仁"指由孔子创立的儒家学说，又被称为"仁学"。

那么，孔子思想中的"仁"到底是什么呢？孔子在《论语·里仁》里说："好仁者，无以尚之""君子去仁，恶乎成名"。这是孔子对"仁"的基本定位：仁是人的社会行为的最高范畴。仁的内容是什么呢？"仁者人也，亲亲为大"（《中庸》）。"樊迟问仁。子曰：'爱人'。"（《论语·先进》）"夫仁者，己欲立而立人，己欲达而达人。"（《论语·雍也》）"仁"就是做人的本分，是把关爱他人作为最重要的事情的道德行为。孔子还将"仁"的内容提升到治国安邦的高度："子曰：'克己复礼为仁。'一日克己复礼，天下归仁焉。"（《论语·颜渊》）可见，"仁"是孔子推崇的最高社会行为，人之为人的道德规范，社会文明有序的基石。

（3）"仁"与仁学的区别

前者是先于孔子的客观社会现象，后者是孔子创立的理论体系；前者是行为本身，后者是行为准则与范式；前者是后者的形成基础，后者是前者的理论升华，对前者具有传播和导向作用。

（4）仁学的社会作用

仁学的社会作用简单地说，就是"治国安邦"。"仁"的思想树立了中国古代社会的道德原则与行为规范，使社会成员有了安身立命的理论依据，增强了社会成员的心性约束与道德取向，融洽了社会关系，对增强社会凝聚力、营造文明风气产生了积极的作用。

（5）仁学的意义

①将一种社会现象理论化为道德规范与行为准则。

孔子以前，"仁"只是一种社会现象，是人们社会行为的一种善意选择。仁学的出现，使人们的社会行为有了理论依据与实践规范，具有积极的社会导向作用。

"为人君止于仁；为人臣止于敬；为人子止于孝；为人父止于慈；与国人交止于信。"（《大学》）"如有王者，必世而后仁。"（《论语·子路》）

②为等级社会注入公平理念与民本思想。

孔子所处的时代是一个强调等级的社会，而仁学的理念却是大爱面前人人平等，体现出难能可贵的公平理念与民本思想。

《论语·颜渊》："四海之内皆兄弟也。"

《孟子·梁惠王上》："老吾老以及人之老，幼吾幼以及人之幼，天下可运于掌。

③奠定了我国古代伦理道德的基础。

随着儒家学说的经典化和广泛传播，仁学的思想成为中国古代伦理道德的基础。

《论语·里仁》："好仁者，无以尚之。""君子去仁，恶乎成名。"

《论语·颜渊》："子曰：'克己复礼为仁。'一日克己复礼，天下归仁焉。"

《孟子·梁惠王上》："夫仁，天之尊爵也，人之安宅也。"

（6）孟子的仁政

仁政说是孟子对孔子"仁"的思想的发展，它将孔子关于"仁"的思想学说演变为一种政治主张和治国方略，使其具有较强的社会针对性和现实操作性。其主要内容表现为以下几个方面。

①经济主张："制民之产"。

所谓"制民之产"，就是制定有利于民生的法规。按现在的话说就是制定富民政策。

《孟子·齐桓晋文之事》："是故明君制民之产，必使仰足以事父母，俯足以畜妻子，乐岁终身饱，凶年免于死亡；然后驱而之善，故民之从之也轻。"

②政治主张："王道"。

"王道"是与"霸道"相对的一种治国方略。后者以严刑苛法治国，前者以宽容恩恤治国。按今天的说法，就是以民主和平的方式治理国家。

《孟子·梁惠王上》：齐宣王问曰："德何如，则可以王矣？"曰："保民而王，莫之能御也。"《孟子·梁惠王下》："乐民之乐者，民亦乐其乐；忧民之忧者，民亦忧其忧。乐以天下，忧以天下，然而不王者，未之有也。"

③社会主张：民贵君轻。

所谓民贵君轻，是说国家的根本是民，民众的利益应放在第一位，君王的权力只是为国为民的，因此从属于民众。

《孟子·尽心下》："民为贵，社稷次之，君为轻。"

2. 行为规范——礼

礼起源于古代宗教仪式，是祭祀神灵时的仪式和程序，用以表示对神灵和先祖的敬意，后演变为一种社会交往原则和行为规范。因此，礼既有道德属性，也有制度属性。

【44】　《礼记·礼运篇》："夫礼之初，始诸饮食，其燔黍捭豚，汙（wū，积水）尊而抔饮，蒉桴（kuì fú，草和土抟成的鼓槌）而土鼓，犹若可以致其敬于鬼神。"

《礼记·祭统》记载："礼有五经，莫重于祭。是以事神致福。"

（1）《周礼》

《周礼》相传是周初由周公旦主持修订的一部治国法典。《尚书大传·康诰》记载："周公居摄三年，制礼作乐。"《周礼》是周王室的官制和春秋战国时期各诸侯国的制度，具体内容可分为"五礼"（吉礼、凶礼、军礼、宾礼、嘉礼），按其功能则可分为"法礼"和"俗礼"。前者是维护社会秩序的典章制度，后者是在民间习俗基础上形成的社会交往原则。所以，《礼记·大传》说《周礼》的原则是"亲亲也，尊尊也，长长也，男女有别"。与《周礼》相匹配的还有《仪礼》与《礼记》，前者的内容主要是春秋战国时期士大夫阶层的冠、昏、丧、燕等礼仪制度，后者的内容主要是对《仪礼》进行解说的儒家思想资料汇编。

礼的实质是维护封建社会的文明有序。

《礼记·曲礼》："夫礼者，所以定亲疏、决嫌疑、别同异、明是非也。"

《礼记·礼运篇》"是故礼者君之大柄也。所以别嫌明微，傧（bīn，尊敬）鬼神，考制度，别仁义，所以治国安君也。"

（2）孔子倡导的"礼"

孔子的"礼"是对作为社会现象的"礼"的理论概括与提炼，使之成为其思想核心"仁"的外在形式和社会行为模式。《论语》里孔子说到"礼"的地方有75次，仅次于"仁"。他说："兴于诗，立于礼，成于乐。"（《论语·泰伯》）修身养性源于《诗》，立身为人成于礼，性情养成在于乐。在孔子看来，"礼"是人之为人的行为准则："不学礼，无以立"。（《论语·季氏》所以，"非礼勿视，非礼勿听，非礼勿言，非礼勿动"。（《论语·颜渊》）这样，"礼"与"仁"成为孔子思想中最重要的两个范畴，是实现其社会理想而必须具有的道德内容与行为范式。

（3）对"礼"的认识

①"礼"是"仁"的外显，"仁"通过"礼"得以实现。

子曰："'克己复礼为仁。'一日克己复礼，天下归仁焉。"

②"礼"具有积极的社会协调作用。

《礼记·王制》："凡养老，有虞氏以燕礼，夏后氏以飨（xiǎng）礼，殷人以食礼，周人修而兼用之。五十养于乡，六十养于国，七十养于学（在官学养老）。"汉文帝曾规定：国家每月为八十岁以上的老人提供五斗酒、一石米、二十斤肉；九十以上老人每年多供给一匹帛、三斤絮。发现有欺辱老人的，皆"弃市"。

③礼具有民本色彩。

《论语·为政》："道之以政，齐之以刑，民免而无耻；道之以德，齐之以礼，有耻且格。"

④"礼"具有教化功用。

"礼乐治天下。"《礼记·乐记》："乐者为同，礼者为异。同则相亲，异则相敬。乐胜则流，礼胜则离。合情饰貌者礼乐之事。礼义立，则贵贱等矣；乐文同，则上下和矣。"

（4）"礼"和"乐"的区别

"礼"是从社会规范和道德约束的角度去引导、协调人的社会行为；"乐"是从艺术感染和审美教育的角度去陶冶人、塑造人。

《乐记·乐论篇》："乐者，天地之和也；礼者，天地之序也。"《礼记·仲尼燕语》："礼也者，理也；乐也者，节也。君子无礼不动，无节不作。"《孝经》："移风易俗，莫善于乐，安上治民，莫善于礼。"《乐记·乐论篇》："乐由中出，故静；礼自外作，故文。"

3. 处事原则——中庸

"中庸"的意思："中"是中正、中和之义；"庸"即"用"或"常"之义；中庸就是"用中为常道也"（郑玄《礼记·中庸》注）。何晏将其解释为"庸，常也，中和可常行之道"（《论语集解》）。也就是把中正、协调作为处事待物的常用原则。因此，中庸的另一种表述就是"和"。孔子讲："君子之于天下也，无适(dí)也，无莫也，义与之比。"（《论语·里仁》）意思是，君子对于天下的人和事，没有固定的厚薄亲疏，只是按照义去做。又说，"过犹不及"（《论语·先进》）。意思就是凡事都要尽可能追求最为恰当合理的方法，不能过，也不能不及。在孔子看来，无论做人做事还是治理国家，用中取和都应该是最高的原则："中庸之为德也，其至矣乎！"（《论语·雍也》）在《礼记·中庸》篇中，孔子的这种思想有了进一步的发挥："和也者，天下之达道也""致中和，天地位焉，万物育焉"（《中庸·天命》）。这样，中庸和谐的思想成为儒家经天纬地的原则。董仲舒称其为"和者，天地之正也""德莫大于和"（《春秋繁露·循天之道》）。

中庸里的"中"不是折中。折中是对事物的量的解释。中庸里的"中"首先是哲学意义上的方法论，是处理事物所持的适度、恰到好处的态度。朱熹称其为"中者，无过不及之名"。中庸里的"中"也是一种行为准则，是人在处理人际关系时应遵循的合宜而无所偏倚的原则，也就是段玉裁在《说文解字注》里所说的"中者，别于外之辞也，别于偏之辞也，亦合宜之辞也"的原则。中庸里的"中"是公正而合乎天理人情的道德取向。南宋理学大家陆九渊将其解释为："中之为德，言其无适而不宜也。"总之，中庸里的"中"不是简单的调和、折中之义，而是哲学层面和公共关系学上的恰到好处、融通合理、中正、和谐之义。

中庸里的"庸"并非平庸，而是指恒长、不变之理。是何晏在《论语集解》中所说的"庸，常也。中和可常行之德也"的意思，是事物发展朝向中允、和平的不变之理以及人对这种不变之理的顺应。

程颐在解释中庸时说："不偏之谓中，不易之谓庸。中者，天下之正道；庸者，天下之定理。天地之化，虽廓然无穷，然而阴阳之度，明寒暑昼夜之变，莫不有常，此道之所以为中庸。"宇宙寥廓无边，天地万物相谐，而构成这种状态的恒定原则就是中正、融通。因为只有中正融通，才能使林林总总、纷繁万象的世界统一协调为一个有机的整体，共存共荣、生生不已。因此，中庸是天地统一的定理，是万象和谐的原则。

对中庸思想的认识如下。

（1）注重事物的整体协调

中庸思想的基本取向是追求事物与事物间的融通并包、和谐统一，只要有利于这个原则，则可以"求大同，存小异"，用"和而不同"、和睦共处的方式去求取事物的整体协调。世界是万物一体的，从终极意义上看，任何局部的、个别化的利益都必须符合生存体的整体协调与统一。违背这个规律，任何利益与自作聪明都是不会长久的。

（2）以"适度"为处事原则

中庸的原则是不过，也不能不及，也就是说，适可而止与恰到好处是中庸的处事方法。譬如，饭不能不吃，否则会饿死；也不能多吃，否则会肥胖，有损健康。人不能没有爱情，但不能沉溺于爱情；只有处理好爱情与人生的关系，爱情才能使人生更美好。

（3）化解不必要的矛盾和纷争

中庸的立足点是把个别回归到整体、把小我融入大我，注重整体利益、忽略个别利益，是追求共同利益而忽略差异性的原则。因此，它可以引导我们更加注重共同的利益与好处，不必在意自我的狭小利益与私欲，从而化解不必要的矛盾与纷争，使我们的行为更加理性与智慧。

（4）忽略小利而追求大用

追求小利是因为看不到整体利益的好处，是短见与耍小聪明的结果。中庸思想则要求人们看重整体关系和共同利益。因此，忽略小利而追求大用是我们在处理事物关系时应遵循的基本原则。

（5）至善至美的价值取向

注重实用与利好是现实中人们喜欢的原则，但它是与个人或局部相联系的原则。注重整体和谐与共同利益的原则是与人的超越性目标相联系的原则，它是以牺牲个体或局部的利益去换取整体与全局利益与共同需要的原则。这种原则不以世俗的利好与功用为标准，而以共同的远大利益和终极目标为追求。因此，中庸具有至善至美的价值取向。

仁、礼、中庸三者的关系：仁是礼的内容和要求，礼是仁的表现和标准，中庸则是二者协调统一的原则。

（三）儒家思想特征

①以对天命（自然规律）的理解以及天人关系的各种可能性的比较选择为出发点，来创建其朝向现实社会的思想体系。

②通过对人的心性陶冶和道德实践，去实现其社会理想和价值追求。

③强调人的社会责任和世俗价值，追求学术的现实功用。

（四）对儒家思想的认识

①儒家学说以现实精神和世俗取向为立场，具有强大的济世作用与社会功能。

2 000多年来，成为中国社会稳定团结、治国安邦的主流话语和社会基石，其价值意义在危机四伏的当代社会尤应深刻发掘。

②儒家学说以伦理道德为核心，在漫长的古代社会用理性的道德教育替代了狂热的宗教信仰，避免了中国社会陷入宗教狂迷和分裂，对维护国家的统一与民族团结发挥了极其重要的作用。

③儒家思想重视人的崇高气节与高尚操守的价值取向，成为中国人维护正义、爱国爱民的精神传统。

（五）儒家文化的现实价值与意义

①博爱思想与注重整体利益的思想对建构和谐社会具有积极意义。

儒家思想可以概括为以仁为内容、以礼为形式、以中庸（和谐）为原则、以大同为目标的思想体系。这种思想的最大特点，是注重事物关系的整体融通和谐，不以小利为取，而以大用为宗。因此，它可以有效地化解因小利形成的社会冲突，抑制个人欲望，增强社会凝聚力，提升人性境界，将社会引向整体融洽的大同目标。

②注重道德修养的思想对建构社会主义精神文明具有积极意义。

儒家思想主张通过对人的心性陶冶和道德塑造去实现社会和谐的理想目标。这种博爱利他的精神与当今社会物欲横流、道德丧失、危机四伏的现实形成鲜明对比。实践证明，中国古代能够历经2 000多年的统一完整，与儒家思想博爱利他思想的浸润、整合有着必然的联系。因此，要重塑道德力量、增强社会凝聚力，让当代社会走出欲望困境，重拾儒家思想是一剂良方。

③注重人的社会责任感和高尚情操的思想对提高国民素质具有积极的现实意义。

儒家思想注重培养人的社会责任感和高尚情操。当代社会在工具理性影响下，则表现为社会责任感淡薄、个人意识甚嚣尘上，人们在物质主义重压下变得本能强大、精神枯竭。具体表现就是公民意识模糊、个人素质低下，人与人、人与社会关系紧张。要改变这样的状况，弘扬儒家精神是不二的选择。

二、道家文化

（一）道家与道教

道家是春秋战国时期"诸子百家"中的一个学派，其代表人物是老子和庄子（图4.3，图4.4），由于这个学派的核心理念建立在对"道"的认识讨论基础上，故被后人称为"道家"。道家是在中国哲学史上第一次把"道"当作世界的本原，并建构起一个以"道"为核心理念的学术流派。其代表作是《道德经》（又叫《老子》）（图4.5），《庄子》（图4.6）。

图4.3 老子像

图4.4 庄子像

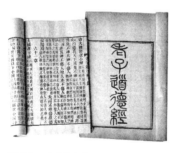

图4.5 《道德经》

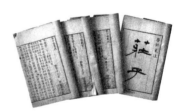

《庄子》/战国时期道家代表人物是庄周，其学派思想见於其著作《庄子》中。图为清光绪刊本《庄子》。

图4.6 《庄子》

道教是发轫于远古，形成于东汉的宗教流派。道教在形成过程中，受到道家文化的影响，其精神理念与道家文化有某些相似之处。但从本质上讲，前者是学术流派，后者是宗教流派，其思想路径与发展轨迹截然不同，二者不能混淆。

（二）道家文化中"道"的含义及特点

在道家文化中，"道"是超越万物的终极存在，是宇宙的本原和真相，是天道运行的规律，是一切存在的根源。

1. 道是无形无象的"无"

道是看不见摸不着的，是一种"无"的存在。

2. 道是普遍法则

道是永恒不变而又无处不在的存在。

3. 道是显隐、有无的结合

道是看不见的，但受其支配的万物又是看得见的；道表现为"无"，但与之相联系的事物又表现为"有"。

（三）道家思想内容

1. 老庄哲学思想的基本内容

（1）"道"是超越性的存在，是宇宙的本原

"道"是老庄哲学思想的核心问题，是老庄对大道（宇宙规律）的语言化描述。那么，"道"是什么呢？《老子》中说它是"有物混成，先天地生。寂兮寥兮，独立而不改，周行而不殆，可以为天地母。吾不知其名，强字之曰'道'。"道是先于他物的存在，是一切事物的开始。因此，"道生一，一生二，二生三，三生万物"。无论世界多么博大丰富，其根源在于"道"，是道统万物的产物。所以，"孔德之容，唯道是从"，道是衍生、支配万物生长、发展的"天地之宗"，是一种超越万物的终极存在，是宇宙的本原。

（2）"道"的特点是自然而然

那么，"道"的特点是什么呢？老庄认为，"道"的特点是自然而然。也就是说，自然（一切存在）是什么，"道"就表现为什么。"道"的这个特点被老子解释为"道

第四章 儒、道、佛文化

法自然"。所谓"道法自然"，是说道以自然为法则，表现为自然而然。然而，"道"的这种深隐于物、与物为一的特点对宇宙又有着不可抗拒的支配力，它决定、影响着万物的生长、发展。所以，老子说"道常无为而无不为"。其意思如下。

①道看不见、摸不着，却无处不在，并以自己的方式永恒运动。

②道不刻意为之，但万物没有不受其影响的。

③道以不为的方式而无所不为。

可见，"道"融于万物之中，是物之为物、道之为道的存在，也就是宇宙自然而然的存在。

作为宇宙自然而然的存在的"道"是宇宙的元规律，是决定、支配宇宙万物的最终力量和原则。因此，人只能尊重、顺应这种元规律，而不能悖反和妄为。在这种认识基础上，老庄思想形成了一个重要的理念：对大道的顺应和无为（不妄为）。然而，长期以来，这种建立在宏大视角上的大智慧却成为饱受人们误解、诟病的虚无主义。应该说，老庄对大道顺应无为的思想不仅不是虚无主义，而且是超越人类自以为是和机械狭隘立场的"智慧唯物主义"。认识老庄思想，必须正本清源，否则，难免误读误解，落入陈词滥调的窠臼。

（3）"道"的原初形式是"无"

作为宇宙自然而然的存在，"道"既表现为"物"的存在，如我们能够感觉到的有形世界，老庄把这种现象称为"有"；也表现为"无"的存在，如我们感觉不到的无形世界，老庄把这种现象称为"无"。在"有"与"无"的关系上，老庄认为"有"只是现象，"无"才是本质。所以，老子说"天下万物生于有，有生于无"（《老子·四十章》）。"大音希声，大象无形，道隐无名"（《老子·四十一章》）。声音和形象只是大道的反映，而决定声音与形象的大道本身，我们是感觉不到的。就好比老人我们见得多，但使人变老的规律我们却看不见。庄子说的"天地有大美而不言，四时有明法而不议，万物有成理而不说"（《庄子·知北游》）也是讲的这个道理。所以，"道"的原初形式是"无"。

既然大道的原初形式是"无"，是看不见、摸不着的，那么，对大道的认识，只能体悟。所谓体悟，是指不受知识体系、经验体系的限制，通过自由联想和精神灵明，对事物进行直接而瞬间的整体品悟并与无限意义相联系的认识方法。体悟的哲学基础是：大道由显（具体的事物）、隐（隐藏于具体之后的事物），有（已经把握的东西）、无（尚未把握的东西）构成的意蕴显现，其意义无限。因此，概念化的语言和学习方式是不能帮助我们认识大道的。因为概念总是建立在对已有事物充分把握的基础上的，是对事物的固态化认识；而对大道的认识，是不可能固态化的。因此，对大道的认识，只能用体悟的方法。由于体悟对象的意义和体悟活动本身都是无限的，从而形成老庄思想的另一个重要理念：对"道"的真相的认识，是一个永无止境的过程。"体悟"在老庄学说中具有重要意义，是我们解读、认识宇宙真相的重要方法。这是我们了解、认识老庄思想必须注意的。

　　（4）天地万物为一

　　老庄思想中均有"天（自然）人合一"的理念，他们认为"道"（自然之道）是宇宙万物之本，当然也就是人之本，天人是统一于"道"之中的。老子讲"人法地，地法天，天法道，道法自然"，万物最终是统一在自然而然的大道之中的。这就是"道统万物"的理念。庄子讲："汝身非汝有也。……孰有之哉？曰：是天地之委形也。生非汝有，是天地之委和也。性命非汝有，是天地之委顺也。孙子非汝有，是天地之委蜕也。"（《庄子·知北游》）人的一切绝非独立于自然，而为自然之物。在人与宇宙的关系问题上，庄子似乎有更深刻的见解："天地与我并生，而万物与我为一。"人一开始就源于自然，与自然万物是融为一体的。庄子的观点是典型的"万物一体"的思想，这种思想与以海德格尔为代表的当代西方"人—世界"合一哲学思潮有着必然的思想渊源。前者是这种思潮的朴素形式，后者是前者的理论升华。"人—世界"合一哲学思潮是人类哲学史在当代对以亚里士多德为代表的"主—客"式形而上学哲学思潮的终结与转向，对当代哲学影响巨大，是当代哲学的主流体系。这种哲学思潮与传统的形而上学哲学思潮的区别在于：

后者以认识论的方式来看待世界，把人与世界分成两极，人是主体，世界是客体，世界是被人的思维形式——概念认识的结果。问题在于，人的思维活动是人的内在性活动，概念是人对事物的固态化认识，而具有无限意蕴的世界怎么能被一种内在化和固态化的认识所界定？前者以存在论的方式来看待世界，认为人与世界本来就是一体的，是彼此不可分离的有机体。因此，世界不是作为一个外在的对象被人凝视、认识，而是作为与人相交织、起作用的统一体展示出来。人之所以可以感知世界，是因为人一向融汇于世界，是联系世界无穷意义的关系点。世界不是由人的思维所认识，而是在与人的纠缠融汇中不断被人体悟与发现。老庄"天人合一"思想是这一哲学思潮的先声。

2. 老子的社会理想和人生观

（1）社会理想：无为而治

对大道的顺应与融通，是老子实现天人合一、超越人本体的核心思想，这种思想反映在人与社会的关系上，就是无为而治。所谓"无为"就是"不妄为"，而不是"不作为"。老子讲，"我无为而民自化，我好静而民自正，我无事而民自富，我无欲而民自朴""道常无为而无不为。侯王若能守之，万物将自化"。因此，"无为而治"就是用顺应大道规律的方式去治理天下，用"无为而无不为"的方式去实现天下的大治。换个说法，就是用不妄为的方式去实现无所不为的目的。

（2）政治倾向：小国寡民

所谓"小国寡民"，是指淡化行政权力、尊重民众权利的治国之术。"小"不是大小的小，而是说不看重、忽略的意思；"寡"并非少，而是指不去影响、骚扰的意思。"小国寡民，使民有什伯之器而不用，使民重死而不远徙。虽有舟舆，无所乘之。虽有甲兵，无所陈之，使民复结绳而用之。甘其食，美其服，安其居，乐其俗。邻国相望，鸡犬之声相闻，民至老死不相往来。"人的本性与自然的法则是相通的，人生存的方式当然也应与自然的法则相融通。自然的法则是"自然而然"——该是什么就是什么，因此，让老百姓在无欲不争、自然而然的状态中生活，是从政者们执政的目标。

（3）人本理念：损有余而补不足

所谓"损有余而补不足"，是指去掉多的，补充、给予少的或没有的。这是老子社会思想的重要理念，来自老子对自然现象的深刻思考。自然的法则是：公平合理。水总是往低处流，空穴总会来风，没有的地方总会生出有来。所以老子讲："天之道，损有余而补不足。人之道则不然，损不足以奉有余。孰能有余以奉天下？唯有道者。"既然自然之道是以公平合理为原则，那么，贫富不均、高低贵贱就是对大道的悖逆。老子从人与自然的共生关系上提出损有余而补不足的社会公平理论，具有独到的理论深度与说服力。

（4）人生态度：少私寡欲，见素抱朴

对自然之道的顺应与回归，是老子哲学思想的基本内容。在人生态度上，老子提倡"少私寡欲，见素抱朴"。所谓少私寡欲，是指去除个人的私心与欲望；所谓见素抱朴，是指做人要本色、质朴。只有这样，人才能超越世俗而与大道相融。所以，"罪莫大于可欲，祸莫大于不知足，咎莫大于欲得。故知足之足，常足矣"。去掉"自我"而回归"大道"，是老子人生态度的主要内容。

3. 庄子的社会理想与人生观

（1）社会理想：至德之世

如果说老子的社会理想还主要是基于形而上的观念描述，是建构社会理想的观念形态，那么庄子的社会理想则是形而下的具体呈示。他在《马蹄》中为我们作了这样的描述："故至德之世，其行填填（稳重貌），其视颠颠（淳朴貌）。当是时也，山无蹊隧，泽无舟梁；万物群生，连属其乡；禽兽成群，草木遂长。是故禽兽可系羁而游，鸟鹊之巢可攀援而窥。夫至德之世，同与禽兽居，族与万物并。恶乎知君子小人哉！同乎无知，其德不离；同乎无欲，是谓素朴。素朴而民性得矣。"所谓至德之世，是指万物完全顺应自然之道的社会。在这样的社会中，人的本性退回到原初，一切欲望与纷争均在万物一体的和谐中荡然无存，"顺物自然而无容私焉，而天下治矣"。（《庄子·应帝王》）万物和谐融通的至德之世是庄子憧憬的"理想国"。"夫帝王之德，以天地为宗，以道德为主，以无为为常。无为也，则用天下而有余；有为也，则为天下用而不足。"（《庄子·天道》）因此，用无为而为、去社会化而回归自然状态的方式去建构万物一体的至德之世，是庄子社会理想的最高境界。

（2）人格理想：无己、无功、无名的逍遥之道

庄子的人格理想是超越自我，而与大道融通的"三无境界"，即"至人无己，神人无功，圣人无名"。（《庄子·逍遥游》）所谓至人无己，是指最完美的人已没有自己；所谓神人无功，是指最智慧的人不追求功用；所谓圣人无名，是指最旷达的人已没有形态。人能做到无己、无功、无名，说明他已与自然而然的大道融为一体，这当然就是做人的最高境界。

（3）人生态度：无用之用

在人生态度上，庄子推崇的是无用之用。所谓无用之用，是指不以时俗为标准而保持自然赋予的作用。也就是放弃世俗的小用而追求自然的大用。他说："山木，自寇也；膏火，自煎也。桂可食，故伐之；漆可用，故割之。人皆知有用之用，而莫知无用之用也。"（《庄子·人间世》）山木、膏火、肉桂、漆树皆因为时俗有用，故自毁其用。若其"无所可用"，就会"不夭斤斧，物无害者，安所困苦哉？"（《庄子·人世间》）这样，它们就能遵循大道赋予的作用长久生存，在自然中发挥自己本来应有的作用。在庄子的思想中，有用只是迎合世俗价值的效用；无用则是保持自然的本性，按大道赋予的属性在自然中发挥自己本来的作用。无用之用是用悖论的方式展现出的大智慧，它是庄子对自然无为之道的拟说，其目的是舍弃短浅世俗的功用而追求顺应自然规律的大用。

4. 老庄人生哲学

老庄人生哲学是"清静无为"的思想。清静就是心存高远、淡泊名利、清心寡欲；无为就是顺应自然、尊重规律、不妄为。在老庄思想中，天道表现为自然而然（本来是什么，就应该是什么），人是天道的产物。因此，人对天道的顺应

与笃守应以自然无为为本。"为无为，则无不治"，只要顺应天道而不妄为，就没有做不了的事情。而要顺天达理不妄为，就必须"致虚极，守静笃"（老子），"必静必清"（庄子），去掉一切世俗尘垢而将自己融入天道自然之中，用"夫唯不争，故天下莫能与之争"（老子）的方式去实现天道自然的无所不为。所以，清静无为是用顺应自然的心态去实现无所不为。老庄清静无为的思想提倡超越人的生命世俗价值而将人的生命价值与天道合一，在引导人的精神取向回归自然本原的同时，对人的精神升华与陶冶崇高人格具有积极意义。

（四）对道家文化的认识

1.道家文化的地位

①老子是中国文化史上第一位以理性、清醒的态度看待自然世界和人类事物，并加以系统论证的人。在先秦诸子之学中，道家学说是最具有抽象思辨色彩的学术流派。其关注的问题已远远超越人、社会的格局而涉及自然、宇宙的宏大主题，使其具有其他学说无法比肩的思想高度，是中国古代智慧之学、思辨之学的先声，对后世思辨之学的影响巨大。吕思勉在《先秦学术概论》中说"道家之学，实为诸家之纲领"，是对道家地位的准确评价。

②中国文化是一种道为源、儒为重的文化。儒家文化在汉代被经典化后，对中国社会影响巨大。但这种影响更多地体现在世俗化层面，也就是人们在现实社会生活中建功立业、积极有为的行为范畴中，而在中国民众尤其是知识分子的深层文化心理中，道家文化的影响极其深刻。知足常乐、淡泊名利、志存高远、超尘脱俗不仅是名士风流，也是民众在现实中身处困境时的心灵鸡汤。从文化渊源上看，儒家文化从道家文化中也吸取了不少养料，像我们熟悉的"大同"理念、"天人合一""道德"之谓皆是儒家文化对道家学说的借鉴与重构。所以，中国民间一直有"外儒内道"之说。可见，中国文化是一种道为源、儒为重的文化。

③道家学说开创了中国的审美之路。"道"的复归实际上是抛弃一切尘世物欲之后的生命体验，反映在艺术上，就形成艺术的自觉。没有这种自觉，中国古

【 57 】

第四章　儒、道、佛文化

代的文学艺术将被牢牢束缚在伦理教化功能的绳索上。中国古代文学艺术风格可分为儒（教化论）道（审美论）等流派，但道家审美论是主流。魏晋以来的中国传统艺术理念与实践，究其本质，与道家推崇的道隐无名、大美不言、言不尽意是一脉相承的。

2. 道家文化对中国文化的影响

①道家开启了中国古代以自然本元为价值取向的哲学体系，它与传统的阴阳五行思想一起奠定了中国自然哲学的基础。其理论建树对其他学术思想影响极大，对中国哲学中的本体论、辩证法有较大贡献。

道家哲学的最大特点是崇尚自然。这种以虚无为本、以因循为用的思想是对等级、宗法、专制的否定，其"守柔""不争""静虚""淡泊"成为中国文化深层结构的重要因素。

②自然主义是中国文学的一个重要品格，这一品格是在道家哲学的影响下形成的。道家"道法自然""物我为一""大象无形""大音希声""言不尽意"的思想对中国古代艺术创作的影响极为深刻，形成了中国古代朴素、自然、含蓄的艺术传统。中国古代艺术创作中追求的"超言绝象""意在言外""情景交融""意境意趣"等，与道家思想有着一脉相承的文化渊源。

③道家"清静无为""守柔不争"的思想形成中国民众，尤其是知识分子藐视时俗、约束心性的心理动力，与儒家入世精神同构为所谓"内圣外王"的人格模式，对中国民众人文品格的影响极为深刻。

④道家"道法自然"的超现实精神追求和"静观""玄览""含德""抱一"的心性修养理念，成为道教文化重要的思想来源，对中国社会心理、民俗传统的影响是广泛而深远的。

3. 对道教的影响

①道家清静无为的思想有强烈的避世离俗精神，这形成道教的超人间性。

②"道"在概念上的抽象性极易被发展为玄妙莫测的宗教理念。

③"静观""玄览""含德""抱一"的理念可以发展为宗教的内心修养方法。

（五）道家文化的现实价值及意义

1. 道法自然

道法自然的观念从哲学意义上讲是人与世界的关系论。人与世界不是主与客的关系，也不是认识与被认识的关系，而是相融一体的关系，是万物一体的呈现。从生态学的角度讲，是绿色环保意识。人与世界是共生关系，一荣俱荣，一损俱损。因此，人类要可持续生存，必须尊重自然、爱护环境。

2. 无为而治

无为是不妄为，是因循大道而为，规律是什么就怎么做。无为而治就是按规律办事，不妄为。我们今天常说的尊重科学、按规律办事换成道家的说法就是无为而治。

3. 少私寡欲，见素抱朴

当代社会是一个物质主义盛行的时代，物欲横流而人本淡泊。物质与精神的严重错位是当代社会危机与冲突的重要原因。因此，当代社会的理性回归，离不开重构精神传统。从这个意义上讲，少私寡欲，见素抱朴的做人原则能引导我们在物质社会中守住精神家园，保持人性的高贵与单纯，对重构当代人的精神传统具有积极意义。

三、道教文化

（一）道教释义

道教是在中国本土文化土壤中产生出来的宗教，创立于东汉顺帝时期，其意为"循其天性修道为教"。因其将"道"作为最高精神信仰，故名道教。道教产

生的四个文化来源是：鬼神崇拜、方仙之说、谶纬之术、黄老思想。因此，道教文化是集中国古代士大夫雅文化和民间俗文化于一体，融上层正统思想与下层异端文化为一体的宗教文化。（图4.7）

图 4.7　道教宫观

图 4.8　占卜活动中的卜辞

1. 鬼神崇拜

卜筮活动在商代已有文字记载。卜筮就是用卜（龟甲）和筮（蓍草）来预测天地鬼神意愿的方法。巫觋（女巫为巫，男巫为觋，编者注）被看成能与天帝、鬼神交流、沟通的人，可以判断吉凶、预卜未来。到周代，卜筮已成为包罗天神、人鬼、地祇的一整套鬼神崇拜系统，成为人们祈福禳灾、兴利除弊的重要社会活动。鬼神崇拜是人类远古社会的主流文化，是早期人类对自然现象幼稚化、想象化的产物，在中国民间极为盛行。（图4.8）

2. 方仙之说

战国时期出现了神仙家，秦汉时期称为方士。方仙之说是秦汉时期方士和神仙家们杂糅民间鬼神文化和传统阴阳五行学说的长寿不老之说。方士们称渤海中有蓬莱、方丈、瀛洲三座神山，长有不死之药，食之成仙。如认真修炼方术，也可永列仙班，长生不老。故秦汉之际，不少王公大臣都为此着迷。（图4.9）

图 4.9　方士炼丹

3.谶纬之术

所谓的"谶纬"，其实是"谶"与"纬"的合称。"谶"是用诡秘的隐语、预言作为上天的启示，向人们昭示未来的吉凶祸福、治乱兴衰。如秦时歌谣《亡秦者胡也》："千里草，何青青，十日卜，不得生。"纬"即纬书，是汉代儒生附会先秦经典而衍生的学说，是对经典的神秘化解释，如"河出图，洛出书"。谶大概起源于先秦时期，《左传》中就有一些谶语的记载。纬则较为晚出，通常认为出现在西汉。后来，谶、纬逐渐合流。道教用谶纬神学来神化老子，并将谶纬之术引入道教方术之中。（图4.10）

图 4.10　谶纬活动

4.黄老思想

黄老思想是黄老学说的思想。黄老学说起源于战国时期齐国的学术中心稷下的道家学者，由于他们将传说中的黄帝和现实中的老子同尊为学说的创始人，故名。其学说的核心是"无为而治"、与民休息。黄老学说以道家为主并兼采阴阳、法、儒、墨等诸家观点而成，其代表作是《老子》。黄老学说中有许多神秘主义因素。神仙方士便利用这些因素，对它加以宗教性的解释，使黄老学说为宗教所用。（图4.11）

图 4.11　稷下的道家学者

（二）道教文化的形成

1. 道教的产生

一般认为，张陵的五斗米道和张角的太平道为早期道教，而东汉顺帝时期到东汉末年为道教的创始阶段。

东汉顺帝（公元 126—144 年）时，沛国丰邑（今江苏丰县）人张陵在西蜀鹤鸣山（今四川省大邑县境内）创立五斗米教。因入道者须交五斗米，故称五斗米道。张陵把老子的哲学概念"道"改造成神，把道家的养生术改造为神仙方术。五斗米教奉老子为教主，以《道德经》为主要经典，并自称出于太上老君（被道教神化的老子）的口授而造作道书。

东汉灵帝（公元 168—189 年）时，冀州钜鹿（今河北平乡）人张角创立太平道，以《太平经》为主要经典。十余年间，太平道徒众发展至数十万人。公元 184 年，张角发动徒众举行黄巾起义，提出"苍天已死，黄天当立，岁在甲子，天下大吉"的口号。公元 215 年，太平道为曹操所灭。

道教兴起的文化渊源，与先秦时期的黄老思想，中国社会的方仙之术、鬼神崇拜、谶纬神学相联系，而成为一个宗教组织，则以五斗米教和太平道为标志。后来发扬光大的道教，是张陵创立的五斗米教。

2. 道教产生的原因

（1）文化原因

偏重说玄理、讲养生的道家文化迎合了道教的宗教理念，为道教的产生提供了思想基础。

（2）现实原因

东汉末年，天下大乱，道教的一些主张和理念（如反对剥削和恃强凌弱、主张自食其力和救穷周急、提倡天下公平）在一定程度上代表了民众的利益，得到下层民众的广泛响应，使道教很快成为一个宗教组织。

3.道教的"道"

道教"道"的概念的文化渊源来自道家的"道"。道家的"道"是一个哲学概念,指产生、支配宇宙万物的自然规律和一切存在的本原。道教的"道"是一个宗教化概念。道既是宇宙本元,也是超然与神秘的力量,同时也是道教追求的最高精神境界。

(三)道教的发展简况

早期道教的经典是《太平经》。《太平经》相传由西汉甘忠可和东汉于吉所撰,其实并非一人所著,而是由不同时间、不同作者的相关资料集合而成。《太平经》的内容是老子部分思想、董仲舒"天人感应"思想及阴阳五行学说的杂糅,宣扬精、气、神三位一体的长生不死的神仙思想和天、地、人三者合一的治国之术,兼及巫术、医学、伦理道德、政治理想及现实状况等。

魏晋南北朝时期,一些上层道士从理论上改革民间的原始道教,提出以神仙养生为主、儒术应世为辅的儒道合一的思想,其代表人物是东晋的葛洪(抱朴子)。

唐代,高祖曾下诏规定道教居于众教之首。因道教在太子李建成与秦王李世民的夺嗣斗争中支持李世民,故得其宠爱,并在贞观八年(公元634年)颁布《道士女冠在僧尼之上诏》。唐玄宗更是对道教宠爱有加。

宋代,道教得到皇室的大力扶持。宋徽宗依科举设立道学,道士通过考试做道官,领取俸禄。每一道观给田地上千顷,上层道士可出入禁宫,命各州县官吏与宫观道士以客礼相见。

明代以后,道教失宠。朱元璋见僧道太滥,无为徒食,下诏各府、州县仅留一寺观,僧道聚食,人数不过40、30、20人。同时,进行考试发度牒,禁止僧道娶妻,女人不到40岁不能当尼姑女冠。

清人尊奉藏传佛教,道教备受冷落。乾隆将正一天师的一品改为五品,不准天师随班朝见。道光时,张天师被禁止入宫。

（四）道教的教义

道教的"道"是一个宗教化的概念。"道"是"虚无之系，造化之根，神明之本，天地之元"。它既是宇宙本元，也是超然与神秘的力量。

道教的教义主要表现在以下三个方面。

1. 神仙崇拜

与所有宗教一样，道教也有鬼神崇拜。老子是道教崇奉的教祖，玉皇大帝为最高神。此外，神仙居住的十大洞天、三十六小洞天、七十二福地以及道教向往的仙境大罗天、三清天（也叫三清境）等也是道教的崇拜对象。

2. 长生不死

得道便可以长生不死是道教区别于佛教的鲜明特色。道教认为，道具有永恒的生命，人得道便可长生。人得道的方式是修炼或求仙，得道之人就可以返本还元，与道同体，也就可以肉体永生，白日升天，羽化成仙。道教修炼的方法主要是"斋醮"，前者是祭祀祷祝活动中的洁身心口，后者是祭祀祷祝活动本身。追求长生不死的方法主要有"符箓派"的服符、念咒、祈禳、斋醮等，"外丹派"的服丹，"内丹派"的内炼等。由于道教具有长生久视的不死观，所以被人们称为"不死教"或"不老道"。

3. 善恶报应

道教认为，天道循环、善恶报应。《太平经》指出，前人惹祸、后人遭殃，祸福的根源循环不已。只有积善修德，后人才能泽被万福，并由此形成诸多戒规、戒律以及文典经法。道教的善恶报应观在民间深入人心，影响极大，具有积极的劝世作用。

（五）对道教文化的认识

1. 关爱生命价值、追求生命永恒

道家学说中的道，不仅通过对宇宙真相的揭示勾勒出宇宙运行图，同时也要

为人的合理存在寻找一个立足点。道教从道家的这一理论动机出发，将其发展为一套宗教的生命哲学，其具体表现就是"长生久视""肉体成仙"的神仙理论。它从对人的生命超越出发，企图突破死亡局限，将人的生命升华到与宇宙永恒之"道"融合为一，实现对人生的终极安慰，不仅使人解脱生死烦恼，对规范人的社会行为和道德行为也有积极意义。

2. 以追求生命不朽为出发点，积极探求自然真相

道教的生命观和自然观密切相连，把人生、社会和自然都置于"道"的宇宙系统中加以认知，认为宇宙之元气阴阳和人的生命息息相关，生命就是阴阳二气变易的结果。与天地之道契合，人的生命就能得到永生。基于这一理念，道教致力于从阴阳之道中去寻找生命不朽的方法，其学术实践不仅深化了对人体生命现象的认识，同时还推进了古代化学、医药学、养生学、矿冶学、生态学等学科的发展。

3. 对中国古代伦理文化的贡献

道教对中国古代伦理文化的贡献是对儒家伦理观和道家自然观的整合，从而形成对古代社会影响巨大的伦理名教观。道家的社会理想，是建立在其自然理念之上的。老子把道作为世界本原时，也把道规定为人生道德修养的最高境界。因此，否定人为的名教礼序，提倡以静虚、无欲去回归人性自然。道教的道德价值系统与道家不同，它引取了儒家的名教观并形成"名教即自然"的思想体系，肯定忠孝节义，最先提出"天地君亲师"的伦理序列。这对中国古代社会伦理文化的发展具有积极的引导作用，成为中国古代社会广泛认同的价值准则。（图4.12）

图 4.12　中国传统社会的神龛牌位

第四章　儒、道、佛文化

四、佛教文化

（一）佛教的起源及流传

图 4.13　释迦牟尼像

佛教产生于公元前 6 世纪至公元前 5 世纪古印度的迦毗罗卫，即今天的尼泊尔境内，创始人为迦毗罗卫释迦族的王子乔达摩·悉达多。他得道后被信徒尊称为释迦牟尼，意为释迦族的圣人。（图 4.13）

释迦牟尼从小聪慧过人，常感人生无常、世事难测，日夜思念解脱人间苦难之法。相传他 29 岁出家修行，日日静坐沉思，终于在 35 岁时在菩提树下悟得救世佛法，并在印度恒河流域中部地区向大众传播佛法真理，拥有越来越多的信徒，从而形成佛教。

佛教因佛而名。佛是佛陀的简称，梵文为 Buddha，意思是"觉者"。自觉、觉他、圆觉（觉行圆满）者皆为佛。小乘佛教讲的"佛"，一般是用作对释迦牟尼的尊称；大乘佛教讲的"佛"，除指释迦牟尼外，还泛指一切觉行圆满者。可见，佛教是觉悟众生与万物的宗教流派。

释迦牟尼去世后，佛教形成两个主要流派：大乘佛教和小乘佛教。乘是乘载的意思。大乘佛教是主张普度众生、人皆成佛、自利利他并重，乘载一切众生到达涅槃境界的流派。涅槃是一个佛教概念，含义丰富，简单地说，即寂静永恒的状态，也就是进入佛的境界，还可以理解为相对于世俗凡身的重生之意。小乘佛教是主张佛为唯一、自我解脱、自利自度，只求自我解脱的流派。

佛教原来只流行于印度恒河流域一带。公元前 3 世纪的孔雀王朝阿育王时期，随着阿育王对佛教的推崇，佛教开始在亚洲各地流传，逐渐成为世界性的宗教流派。

（二）佛教在中国盛行的原因

公元前 1 世纪的汉哀帝（前25—前1年）时，佛教传入中国。公元前2年，即汉哀帝元寿元年，大月氏（波斯）王派遣使臣伊存来到中土，口授《浮屠经》。在佛教史上，这一年被认定为佛教传入中国的开始。

图 4.14 中国的佛教寺院

佛教作为一种外来文化，能够在中国广为流传的根本原因是：它是作为对中国本土文化的补充而被中国社会认同的。佛教的一些基本理念与中国本土的道家文化有着太多的相似之处。譬如，佛教追求"空""寂""无"，而道家追求"虚无""静极""清静无为"；佛教的最高精神境界是寂静空虚、无此无彼、极乐世界，而道家的最高精神境界是超然物外、形神合一、逍遥自在。所谓"空"，是指性（人的内心世界）空而包容万物；所谓"寂"，是指寂静永乐，心除杂念而无忧无虑；所谓"无"，是指"无念"（不受外界影响）、"无相"（保持本心虚空寂静）、"无往"（不思念外物）、无此无彼、心佛一体。"空""寂""无"实际是讲人要去除自我而与佛为一。这与道家追求的"无己""无功""无名"如出一辙。至于两者对精神境界的描述，也貌合神似。因此，袁宏在《后汉纪》中将佛教的教义归纳为"专务清净""息意去欲而欲归于无为"。这实际是把佛教解释为道家的外域版。在对外界的认识上，佛教与道家都提倡觉和悟，二者内涵一致。同时，对佛的神秘化理解，也使中国社会将佛教与民间广为流行的神仙方术相联系。这样，佛教在依附于中国本土文化认同的基础上，开始了漫长的中国化进程。（图4.14）

（三）佛教在中国的发展

佛教在中国形成三个不同的体系：在中国汉族人居住地盛行的佛教属汉传佛

教；在西南边陲部分少数民族地区流传的属南传佛教；在青海、西藏等地区流传的属藏传佛教。汉传佛教和藏传佛教属大乘佛教，南传佛教属小乘佛教。

值得注意的是，任何文化的重组都是继承与创新的产物。佛教作为一种外来文化，在与中国传统文化的重构中已融入太多的中国要素，换言之，佛教在中国的传播，其实也是中国文化对它的改造。从这个意义讲，佛教之所以成为中国文化的重要内容，是以中国传统文化对它的改造和重构为前提的。譬如，汉人就把佛教当成神仙方术的一种来看待，用道家守一的修行方法来解释佛教静坐观心的禅定方法，有些僧人也凭借某种方术来扩大佛教影响；魏晋时期的般若学就是依附中国的玄学而流行的；佛教原本没有禁吃荤腥的戒律，禁吃荤腥的戒律是南北朝时期的梁武帝规定的，并形成具有中国色彩的小乘戒与大乘戒；中国佛教还改变了印度佛教"三衣一钵、日中一食、树下一宿"的丛林清规，制定了著名的《百丈清规》，规定僧侣在修道的同时，必须参加农业生产，自食其力，"一日不作、一日不食"，将农耕理念植入佛门清规。

佛教中国化的典型例子是禅宗的出现。禅宗是印度佛教"禅那"理念的演变。"禅那"是"静虑"或"思维修"的意思，是佛教修行的基本功，佛教中"戒、定、慧"三学中的"定、慧"就是"禅那"。禅宗的理念最早由南北朝时期的印度僧人菩提达摩传授，然而其真正的创始人是唐代的中国僧人慧能。慧能将中国儒家文化中的人性论学说和道家清静虚无思想与印度大乘空宗一切皆空和大乘有宗佛性实有的思想相结合，创造出极富中国特色的佛学流派。禅宗突破了印度佛教佛国权威、佛陀至上的思想，消除了极乐世界与现实世界、彼岸与世俗的严格界线，具有明显的泛神论特点。中唐以后，禅宗成为中国佛教的正统，对中国社会各阶层影响巨大。

佛教在中国的发展可分为以下几个阶段。

1. 东汉是佛教在中国的初传阶段

佛教刚传入中国时，主要在宫廷和上流社会流传。朝廷也对佛教的传入持谨慎态度，如只允许其在长安和洛阳等地传教，且不允许中国人出家，翻译的佛经也有限。中国社会在这一时期还主要是把佛教作为对本土文化黄老思想和神仙方术的补充来对待的。

2. 魏晋南北朝是佛教在中国的发展阶段

这一时期的社会思潮是玄学。玄学是研究幽深玄远问题的学说，它以老庄思想解释儒学经典，具有高度的抽象性和思辨性，注重现象与本体的关系，这与佛教般若学的非有非无的双非方法论有着一致性。这样，本土文化的相容性为佛学的广泛传播营造了良好的环境，佛教的传播在中国有了前所未有的发展。

这一时期，中国政府已允许中国人出家，佛教传播也没有了地域限制，寺院逐渐增多。西晋时全国共有寺院约 180 所，僧尼约 3 700 人；东晋时全国共有寺院约 1 768 所，僧尼约增至 24 000 人。

这一时期，不仅有更多的西域和印度僧人到中国来译经传教，中国僧人也开始前往西域或印度取经、译经。著名的人物有法显、道安、鸠摩罗什等人。

南北朝时期，南朝的佛教寺院已有 2 846 所，僧尼达 82 700 人；北朝的佛教寺院有 6 478 所，僧尼有 77 258 人。由于佛教的兴盛和寺院、僧尼的增多，这一时期各地政府也开始设立僧官，专门管理佛教事务。

3. 隋唐是佛教在中国的繁荣阶段

隋唐是中国佛教发展的繁荣鼎盛时期，其标志是具有中国特色的佛教宗派相继产生。佛教繁荣鼎盛的主要原因是政府的支持。

隋文帝在位时，在 100 多个州立舍利塔，度僧 23 万人，建寺 3 000 多座，写经 46 藏，造像 10.6 万多尊，设置各级佛教管理机构，组织全国佛教流派学者到长安进行学术交流。

唐代帝王道、儒、佛并重，全国共有佛教寺院 4 万多所，僧尼 30 余万人，设有僧官制度。唐代均田制度规定僧人、道士每人给田 30 亩，女尼、女冠 20 亩。百人以上寺观可拥有常住田 10 顷，50 人以上 7 顷。佛教宗派发展到八个：天台宗、三论宗、法相宗、律宗、华严宗、禅宗、净土宗、密宗。唐代佛教的高僧是玄奘。他自小出家，遍访名师；后西行求法，行程数万里，历尽艰辛，为中国的佛教事业作出了巨大贡献。

4. 宋、元、明、清为中国佛教的衰落阶段

隋唐以后佛教内容失去了创造力，对民众的影响有所减弱。宋代理学的兴起标志着佛教的衰落。

北宋时，全国寺院已约4万座，僧尼人数约 458 000 人。理学是北宋兴起的哲学思潮，又称道学，是儒、道思想学说及佛教华严、禅宗思想的杂糅。它盛行于南宋与元、明时代，清中期以后逐渐衰落，但其影响一直延续到近代。广义的理学泛指以讨论天道性命问题为中心的整个哲学思潮，包括各种不同学派；狭义的理学专指以程颢、程颐、朱熹为代表的，以理为最高范畴的学说，即程朱理学。理学形成的一个重要原因是用世俗立场回应佛家文化关于生命信仰的宗教挑战。理学的盛行，使佛教在中国社会的思想地位开始下降。

【70】

元代的寺院有约 24 318 座，僧尼约 213 000 人。元代统治者尊崇藏传佛教，以喇嘛为帝师。汉传佛教主要在民间活跃。

明代全国共有寺院万余座，僧尼50余万人。但统治者却从制度上限制寺院的发展，将寺院分为"禅""讲""教"三种，每种寺院人员的着装均有规定，不合规定者将受处罚，从而极大地制约了佛教的发展。

清王室虽崇奉藏传佛教，但仍效仿明代对汉传佛教采取限制政策，使佛教继续走向衰败。清代全国共有寺院约8万座，僧尼80余万人。

（四）佛教的教义

1. 四谛说

四谛说是指四种佛教真理。四谛包括苦谛（人生就是痛苦）、集谛（众生对真理的无知带来的生死苦果）、灭谛（灭尽诸苦达到涅槃寂静的理想境界）、道谛（灭

除痛苦的方法和途径）。

2.缘起论

缘起论是佛教对宇宙万物产生、发展、变化原因的解释。用以解释世界、社会、人生和各种事物现象产生的根源。

3.三法印说

这是三种印证佛学理论的标准。即诸行无常（物皆变化无常）、诸法无我（万物皆有缘，没有不变的实体作为自己的主宰）、涅槃寂静（断尽尘缘，超越生死轮回，方能达到重生境界）。只有符合法印的学说才是真正的佛学。

4.因果报应论

这是佛教的劝世理论。其主要内容：凡事必有因果，无因必无果；善的行为产生善的果报，恶的行为产生恶的果报。所以，只有去恶从善、积德修行，方能达到彼岸。

5.六道轮回论

这是佛教对因果报应的类型划分。不同的善恶行为带来不同的报应，它们分别是：地狱、饿鬼、畜生、人道阿修罗（一种神、鬼、人杂糅的形象）、天道。佛教认为，只有皈依佛门，才能超越六轮。

（五）佛教对中国传统文化的影响

1.与儒、道互为渗透交融，成为中国文化的重要内容

佛教的寂静、空灵与道家的清静、淡泊具有一致性；佛教追求的"无"与道家追求的"无己""无名""无功""无待"在对现实的超越性上具有相同性。佛教文化与道家文化，一是宗教，一是学术。尽管二者在对宇宙本原与人的心性归属上路径各异，但二者在揭示人与宇宙的关系上，却是如出一辙的。事实上，佛教之所以能在中国发挥光大，一个重要原因就是它与中国本土文化有着太多的

第四章　儒、道、佛文化

相似性。这种外来文化与本土文化的优化组合，无论对于中国文化，还是佛教文化本身，都大有裨益。

佛教的"无"与儒家的"有"具有本质上的相融性。"无"是一种认识论，看重本质规律而非现象世界，是对世界本质的一种超现实的理性观照。儒家以"有"为宗，重伦理道德、建功立业；佛教以"无"为宗，重心灵虚空、无欲无念。儒家虽有为而作，却强调心性约束、人格操守，仍不离佛教之性空。"有"与"无"看似相对，实则相通，事物从根源上看是"无"，从现象上看是"有"。儒家看世界的着眼点是现象，佛教看世界的着眼点是根源，二者其实殊途同归，这就是老子说的"天下万物生于有，有生于无"，（《老子·四十章》）"有"与"无"是事物真相的不同表现与矛盾统一。

儒、道、佛文化的相互补充与影响，促成儒、道、佛由鼎立走向融合，成为中国传统文化最重要的思想内涵，对中国传统文化产生了深远的影响。

2.对中国人格文化和社会心态具有重要影响

儒、道、佛文化尽管是中国传统文化的主流形态，但其对中国传统文化的影响又各有不同。宋明理学家认为，儒学为治世之学，道学为治身之学，佛学为治心之学。儒家关心的是人的现世行为，提倡忠君忧道、建功立业，注重人伦道德；道教关心的是人的身体与生命，追求养身延年、长生不死；佛教则认为现实世界其实只是并不真实的幻境，因此，只有心无外物、超尘绝俗、万念俱空、与世无争，才能实现佛我为一的终极目标。佛教文化对中国古代人们的心性陶冶作用巨大。

既然世界的本质是"空"，佛才是真实的存在，对本心的追求才是把握了佛的真谛。这种理念对形成中国人忍、善、含蓄、内敛的文化传统作用明显。

佛教六道轮回及神不灭的理论，消除人对死亡的恐惧，给人以终极的精神安慰，对净化人的心灵具有积极的意义。

3.对中国传统思维方式的影响

以禅宗为代表的中国佛教与道家一样，都提倡"顿悟"的思维方式。"顿悟"

是一种跳跃型的直觉思维，其特点是不受经验和逻辑的约束而通过自由联想与突发性悟得进行认知。所谓直觉，是指思维主体超越经验体系和知识体系，不受逻辑规则的约束，通过自由联想、感悟，对客体本质、属性、特点作出迅速的识别、直接的理解和整体的把握。它是"直接而瞬间的、未经意识思维和判断而发生的一种正在领会或知道的方式"。[1]直觉思维具有综合性、直接性、跳跃性、快速性、无限性等特征，它以事物的整体性为对象，通过跨越式联想、感悟，在瞬间实现对事物意义的领会、把握，它是比理性思维更具有思维空间和让人的精神活动更符合事物无限意义的思维形式，对提高人的审美感悟能力也具有重大意义。直觉思维丰富了中华民族的思维活动与民族智慧。

4. 对中国古代艺术的影响

佛教文化对中国古代艺术产生了重要的影响。从内容上看，佛教文化使中国古代艺术增加了新的内容。无论是建筑、雕塑、绘画、音乐还是文学，佛教文化的影响显而易见。从形式上看，佛教文化推动了说唱艺术，如变文、宝卷、弹词、鼓词相继产生。大量的佛教典故和新词汇融入传统文学作品，丰富了文学创作的语言表达。从风格上看，佛教文化促进了中国传统艺术的阴柔之美。六朝以来的中国古典艺术，从山水田园诗到文人书法绘画，都散发出静、幽、淡、雅的阴柔之美，并由此形成追求含蓄、清淡、冲远的风格理论。从创作方法上看，佛教的彼岸世界是一个超越现世的虚幻世界，它增加了艺术的幻想与奇异，推动了中国古典艺术浪漫主义创作方法的发展与成熟。

【1】S.雷伯.心理学词典[M].李伯黍，等，译.上海：上海译文出版社，1996：425.

单元互动

一、儒家文化

1.仁与仁学有何区别？

2.孔子倡导的仁是什么？

3.仁学与仁政有何区别？

4.仁学的意义是什么？

5.什么是礼？

6.什么是中庸？

7.仁、礼、中庸是什么关系？

8.如何看待儒家文化的现实价值？

二、道家文化

1.道家与道教有什么联系和区别？

2.道家所说的"道"是什么？

3.什么是"道法自然"？

4.什么是"道常无为而无不为"？

5.道家对宇宙的认知方式是什么？

6.如何理解"无用之用"？

7.道家文化是消极的还是智慧的？

8.如何看待道家文化的现实意义？

三、道教文化

1.道教形成的文化根源是什么？

2.道教的"道"是什么意思？

3.道教文化的价值是什么？

四、佛教文化

1."佛"的含义是什么？

2.为什么佛教文化能在中国广泛传播？

3.中国禅宗的特点是什么？

4.怎样看待佛教对中国文化的影响？

第五章
中国古代制度文化

一、制度与制度文化

制度是人类社会生活的强制性规则和运行模式，是一个社会强势的价值形态和权力意志的产物，其功能是规范个体行为，维护整体社会结构的统一与稳定。制度包含三个层次的内容：第一指社会形态，如社会主义制度、资本主义制度等；第二指各种具体的社会规定，如经济制度、政治制度、教育制度、家庭制度等；第三指各种社会组织的刚性规则，如考勤制度、奖惩制度等。

制度是最为强势的文化形态，也是社会控制的重要手段。

制度文化是指在制度的统摄调控下形成的社会上层形态、社会行为规则和由此形成的社会关系原则，是生产关系、法律制度、社会结构的具体表现。

二、制度文化的作用

（一）主体作用

作为社会强势话语和主流文化的体现，制度文化主导、规定着社会文化的发展和走向，在社会生活中发挥着引导功能和主体作用。譬如，我国是社会主义国家，社会主义的价值形态和制度要求就成为国家文化的主流表现与各种社会行为的基本准则，换言之，各种社会思潮和行为规范必须是对社会主义制度的顺应与适从。

（二）凝聚作用

作为社会主流文化的体现和社会行为规范原则的制度文化，在长期的实践过程中，必然凝聚着广大社会成员的价值选择和行为认同，成为日常社会生活中最普遍、最权威的原则，对社会产生极大的认同作用和凝聚作用。譬如，在我国，社会主义的价值观和行为准则是人人必须遵守的原则，换言之，社会主义价值观，是整合、凝聚广大社会成员个体差异的强大力量。正是在这个原则下，形成了统一的社会主义国家形态。

（三）协调作用

制度文化是一个社会的主流意识形态和由此建立的社会结构的具体体现，是人们必须遵守的社会价值取向和行为规范原则。反过来讲，制度文化整合、协调着社会成员的思想准则、道德取向、行为标准，对社会起着极大的规范作用和协调作用。譬如，社会主义国家的法律制度是在社会主义的基本原则下制定的，体现着社会主义的价值取向和行为准则。它的实施，就是将社会成员的观念活动、行为活动约束、协调于其基本原则与框架之内，从而将复杂的社会行为规范化、原则化，发挥积极的社会协调作用。

（四）反功能作用

反功能作用是指制度对社会的负面和消极作用。任何事物都具有正反两面的属性，制度文化亦然。制度既有正功能，又有反功能。制度文化的反功能是指制度阻碍社会进步，影响个人人格的健全发展，从而成为生产力水平提高和社会进步的严重障碍。当制度成为生产力发展的阻碍、社会关系恶化、社会矛盾加剧或者制度体系内部出现混乱，这种制度就应当及时予以修正乃至废除，否则，社会变革乃至冲突就无法避免。正如邓小平所说："制度好可以使坏人无法任意横行，制度不好可以使好人无法充分做好事，甚至会走向反面。"

三、中国古代制度文化的基本内容

（一）政治制度

政治制度是现实社会中统治阶级实现其政治统治的原则和方式的总和。广义地讲，它包括国体和政体，体现着一个国家的社会性质、政权的组织形式和管理形式、国家结构形式和公民在国家生活中的地位。狭义地讲，它主要指政体，即政权的组织形式。

我国的政治制度在夏代就已经形成，根据《礼记·明堂位》记载："夏后氏官百，天子有三公、九卿、二十七大夫、八十一元士。"官是政体的执行者，是政治制度的具体体现。可见，夏代伴随国家形态的出现，政治制度也开始形成。

1. 中国古代政治制度的特点

（1）皇权至上

秦以后各代政治制度是皇权至上的中央集权专制制度。这一制度在战国时期逐步形成，在秦代正式确立。中央集权专制制度的基本特征就是集国家权力于政府、集政府权力于中央、集中央权力于皇帝，皇权至高无上。皇帝不仅专断国家政权，还享有权力世袭和皇族独尊的特权。据《史记·秦始皇本纪》所载："命为制，令为诏""天下之事无大小皆决于上"。《康熙朝东华录》卷91亦云："今大小事务，皆朕一人亲理，无可旁贷。若将要务分任于人，则断不可行。所以无论巨细，朕必躬自断制。"可见，中央集权专制制度是以皇帝为中心，皇帝高于一切的政治制度。

在皇权至上的主导思想下，封建政治史清晰可见两大脉络主线，即中央集权和君主专制的不断加强。秦以焚书坑儒加强思想统治，汉以"罢黜百家，独尊儒术"加强思想控制，明清则采取八股取士强化思想统一；隋唐设立三省六部制，宋元设立参知政事分割相权，加强皇权；明时废丞相设内阁，以此加强皇权；清时设军机处，标志着皇权达到顶峰。

尽管历史上出现过许多权臣当道、外戚僭越、宦官弄权、女主篡政等现象，但这并不意味着皇权的消失，只不过是皇权的一种变态形式而已。皇权至上，呈现出中国古代政治制度的两大鲜明特征：专制与集权。

（2）重人治、轻法制

在皇权至上的语境下，君主拥有至高无上、超越一切法度的权力，其实就是最大的人治，而各级官吏的人治无非从属于它，致使机构因人而设、因事而立或因人而废、因事而除。从秦始皇始，封建君主"任心而行"，则中央百官处理政务无不看其脸色行事，即所谓倚办于"上"，而不是倚办于"法"，此即西汉杜周所谓的"专以人主意指为狱"。19 世纪的英国自由主义大师约翰·斯图尔特·密尔在《论自由》一书中指出：中国的传统政治，重伦理轻法理，重人治轻法制。

封建政治制度的"人治"表现在以下几个方面。首先，法律由专制君主主持，以其个人利益最大化为原则制定而成。其次，专制君主不受法律的约束，而且规定凡反对专制君主的为大逆不道，要受最严厉的法律制裁。再次，专制君主可以根据个人或政治需要，随意以"誓""诰""命""令"和"诏""制""敕"等形式任意增减或修改法律。最后，专制君主常以一时的好恶喜怒违法乱法和法外施法。譬如汉文帝时，太仓令淳于意有罪当刑，其女缇萦上书愿为官婢以赎父罪，文帝很受感动，下令以笞刑代肉刑。尽管这件事历来被人们视为帝王恩恤下民的"德治"典范，但帝王专权于法也是不言而喻的。乾隆时，内阁学士胡中藻因诗中有"一把心肠论浊清"之句而被灭族。雍正四年（1727 年），江西正考官为礼部侍郎查嗣庭，因所出试题题目为"维民所止"，被雍正因铲除隆科多的政治需要而断章取义为"雍正"去头，以故意"讽刺时事，心怀怨望"之罪被捕入狱。最后，冤死狱中，遭到戮尸枭首，且株连亲族。

（3）官僚政治

官僚政治是传统政治制度的基本特征之一。官僚政治是指政治以官僚为中心，官僚成为社会权力的主宰和代表。其特点是：官僚集团操控一切社会事务、结党营私、勾心斗角、人浮于事、腐败堕落。英国《社会科学大辞典》对官僚政治的解释是："政府权力全掌握在官僚手中，官僚有权以国家或者民族利益为理由，而随意侵夺普通公民的自由的那种政治制度。这种政治制度在日常行为中表现为：把应尽的行政职责全然当作例行公事处理，在这样职责面前他们没有工作的原动力，遇事拖拉、犹豫不决、敷衍应对、不重实验、事非到非处理不可而绝不处理。而在日常事务的处理中，又经常把一切政治措施，作为自己图谋利益的勾当。将本应该属于社会公共资源的政治权力、文化影响力、社会经济资源，甚至知识的拥有，都朝有利于自己地位巩固的方向揽进。久而久之，这类人也就会变成世袭阶级了。"官僚政治是古代专制制度的派生物，自春秋战国萌发到秦汉正式成型，郡县制代替分封制、食禄官僚代替世卿世禄。此后，在两税制和科举制的推动下，官僚政治不断得到巩固和发展，并成为贯穿中国古代社会的集权专制制度的基本特征之一。

官僚政治的特点如下。

①官为君设。《说文解字》将"官"的含义解释为："官，吏事君也。"杨树达《积微居小学金石论丛》对"官"的解释是："官字从宀（读音 mián，编者注），凡从宀之字皆以屋室为义。官字下从目（读音 yǐ，编者注），盖像周庐列舍之形，谓臣吏所居，后乃引申为官职之称。《周礼》官府都鄙并称，是其本义也。"可见，官是为君主服务，替君主办事并享其赏赐的人。封建帝王依托大大小小的官僚实现其皇权专制，在"主卖官爵，臣卖智力"，"臣尽死力以与君市，君垂爵禄以与臣市"的买卖和雇佣关系下，君主通过设官分职控制官僚机构，运用"君临之术"

驾驭他们。

②等级森严。整个官僚体系按照不同的层级形成严格的等级体系，上级是下级的绝对权威，下级对上级绝对服从，绝不允许僭越或犯上，正所谓"官大一级压死人"，从而确保最高权力的至高无上。

③利益联盟。官僚体制下的上下级关系如同主仆关系，下级官吏的命运完全由上级官吏操控，下属要想迁升，必须对上司百依百顺、唯命是从，而非德才绩能。这种任人唯亲、唯我所用的官场现实常常使官僚之间形成朋党林立、沆瀣一气的政治联盟，为古代官僚政治的腐败推波助澜。东汉的"党锢之祸"，唐代的"牛李党争"，宋代的"变法斗争"，明末的"党争"就是这种现象的典型表现。

④权力私化。官僚作为权力君授的特殊阶层，掌握着大量社会资源与财富，在缺乏社会约束的情况下，权力常常成为官僚攫取私利的法宝。因此，"官"成为名利的代名词。当官的穷凶极恶，老百姓咬牙切齿，从而加重了社会的腐败和官民的对立。

⑤冗员庞大。官僚体制下"官"是利益群体，是许多人满足个人欲望、实现飞黄腾达的重要途径。因此，人们对当官趋之若鹜，由此带来冗员庞大、人浮于事的局面。资料显示，中国历代民官的比例为：西汉 7 945∶1，东汉 7 464∶1，唐代 2 927∶1，元代 2 613∶1，明代 2 299∶1，清代 911∶1。随着官僚体制的加强，官员越来越多，队伍越来越大。据《宋史》记载：北宋初，内外官仅几千人；到仁宗皇祐年间（1049—1053），已达到两万多人；到嘉祐年间（1056—1063），便"十倍于国初"，人浮于事的现象十分严重，"居其官不知其职者，十常八九"。这种现象不仅极大地耗费社会财富，加大国民负担，也不可避免地带来政治腐败，严重阻碍社会的文明发展。

古代官僚政治是集权专制制度的必然产物。集权专制是以强化权力为基础的，强化权力必然要增强权力机构，增强权力机构必然官僚辈出。官僚政治下，国家兴盛与否与官僚的忠奸智愚关系重大，吏治的清浊甚至关系到国家安危、民族兴亡，而人民则无法主宰自我命运和国家命运。

（4）国家机器完备

所谓国家机器，是指国家运行的行政部门。管理国家叫行政，一个国家的存在，是以其行政管理的有效进行为标志的，国家行政的部门就是国家机器。中国的国家形态以夏代为标志，因此，中国的政府机构和官在夏代均已出现。《礼记·明堂位》里面就有"夏后氏官百，天子有三公、九卿、二十七大夫、八十一元士"的记载。"后"是夏王启的称谓，夏后氏百官是说启的时候身边已经有了很多官。同时，这一时期已有了冀、兖、青、徐、扬、荆、豫、梁、雍九州之说，九州之牧也随之而起（《书·禹贡》）。九州是当时的行政区域，牧就是各行政区域的行政首脑。

商代已有较完备的行政机构。商代不仅有辅助商王发布政令的"相府"，还有非常设机构、临事设官的"三公"各府作为重要的行政补充。这些机构行使国家宫内事务、田猎征战事务、宗教事务、秘书事务、宗族事务、人口管理、器械制造等行政工作。

到了周代后期，对国家进行精细管理的郡县制已经形成。

秦代，国家机构的设置更加严密化，"三公九卿"制形成。所谓"三公"，即丞相、太尉、御史大夫，他们是国家行政、执法、立法三大机构的首脑。所谓"九卿"，是三大机构下设职能部门的长官，他们是奉常、郎中令、卫尉、太什、廷尉、典客、宗正、治粟内史、少府。

隋唐形成"三省六部"的国家机构设置制度。所谓"三省"，即尚书省、中书省、门下省。尚书省就是总理衙门，为国家最高行政机关；中书省是草拟和颁发皇帝诏书的机构，也就是立法机构，有点类似于今天的议会、办公厅等机构；门下省负责审查国家的重要诏令，属于督法机构，类似于今天的检察院。所谓"六部"，是吏、户、礼、兵、刑、工六个具体负责官员管理、户籍管理、文化教育、军队、刑法、工程建设的职能机构。后来的国家行政机构设置，基本仿袭"三省六部"的格局。

2. 选官制度

"官"是国家行政的具体执行者。选官制度既关系到国家行政的需要，又关系到管理效能，所以是古代政治制度的重要内容。我国古代的选官制度大致可分为三个阶段。

（1）汉代以前是禅让、世袭、功业、军功的方式

远古：禅让。禅让就是用和平、民主的方式，而不是用血缘世袭的方式将权力移交给德才兼备者的制度。如尧将权力移交给舜，舜将权力移交给禹。

春秋以前：世袭。所谓世袭，就是按照血缘关系来进行权力移交的制度。

战国时期：功业。"仕进之途，唯辟田与胜敌而已。"也就是凭借建功立业来获得官职。

秦代：军功。战绩是获取官职的主要依据。

（2）汉代实行察举制度

所谓察举制度，就是地方政府推荐、最高职能部门或帝王考察任命的用人制度。察举的内容主要有："贤良方正"（品德优秀、行为端正）、"能言极谏"（敢于批评建议）、"秀才"（才能出众、博学聪明）、"孝廉"（孝敬父母、作风廉洁）等。据《后汉书·许邵传》记载，曹操当年就是"年二十、举孝廉，为郎"而进入仕途的。

察举制度是一种通过推荐、考察的方式选拔人才的制度，这种制度打破了贵族世袭的选官制度，体现了用人制度的公平公正，是中国古代用人制度的进步。东汉以后，这一制度逐渐被士族垄断，成为腐败毒瘤。

为了整肃察举制度，汉文帝推出了九品中正制。其主要内容是：在各地设立"大中正""中正"监察官，由该籍中央官员兼任，负责考察、举荐人才，并将人才情况分为九个等级，即上上、上中、上下、中上、中中、中下、下上、下中、下下，总称九品，上报中央，成为中央人事部门选任官吏的重要依据。

九品中正制的基本精神依旧是通过举荐、考察选拔人才，但对人才的德行考察更全面，评判的等级更具体，较之察举制更具有规范性、操作性。

九品中正制实施之初，确实给选官制度带来新风，但两晋时期，"大中正""中正"又被士族垄断，从而令这一制度走向堕落，形成"上品无寒门，下品无士族"（《晋书·刘毅传》）的局面。

（3）隋代推出科举制度

科举制度是一种以分科考试选拔人才的教育制度与选官制度。其基本原则是通过考试，公开、公平地选取人才。这一制度从隋文帝始，一直持续到清代末，历经1 300年。

隋文帝杨坚废九品中正制而创立分科考试选官的方法，其子隋炀帝杨广首创进士科，标志着科举制度的确立。

唐代科举考试的主要科目有秀才、明经、进士、明法、明算、明书等。其中明经、进士两科最重要。明经科主要考儒家经义，进士科主要考诗赋和政论。进士科难度最大，却是做高官的进身之阶，故考进士被称为"登龙门"。

宋代科举考试分为三级考试，分别是解试（州政府主持）、省试（礼部主持）、殿试（皇帝主持）。南宋以后，殿试第一名称"状元"、第二名称"榜眼"、第三名称"探花"。

明代科举考试分为乡试、会试、殿试。乡试是地方考试，考期在八月，故称秋闱，考场叫贡院，考取者叫举人，第一名叫解元。会试是中举者进阶的全国性考试，考期在二月，故称春闱，考场设在京师贡院，考取者叫贡士，第一名叫会元。殿试是贡士的进阶考试，由皇帝亲自主持，考场设在金銮殿，是科举考试的最高形式，考取者通称进士，第一、二、三名分别为状元、榜眼、探花。由于中榜者均用黄纸书写，所以又叫"金榜题名"。

除此之外，中国古代还有一些非同寻常的选官制度。

征辟制度。君主直接选拔人才称为"征"，上级长官直接任用属吏称为"辟"，这是一种权力替代公平的用人制度。

荫袭制度。指勋贵子弟依靠父兄的权位得以进入仕途的制度，实际上是先秦世袭制度的一种表现。

其他入仕途径。如博士弟子和国子、赀选世家、军功、捐纳、流外铨等。

3.独特的"官文化"

所谓的官，《说文解字》的解释是"吏事君也"。即在国家行政机关中担任一定职务或享有一定权力的人员的总称。夏代是中国国家形态的形成期，国家的基本特征，就是对社会的行政管理。行政的机构是政府、行政的人员是官员，官也就应运而生。（见前"夏代文化"部分）商代的甲骨文已出现"官"字（甲骨文中的）。可见，官是国家机器的产物，代表统治者的利益，维护统治秩序。官与官制的产生，标志着国家机器趋于完备。

中国古代官僚政治给中国传统社会打下了深深的烙印，形成独特的"官文化"现象。

（1）"官本位意识"严重泛滥

官本位是官僚政治的必然产物，是专制社会政治制度的基本特征。所谓官本位，即社会以官为本，或者说官处于社会生活的最高层，社会生活由官的权力或意志所决定。官本位是等级制度、特权制度的孪生物，核心是官、权、位的高度统一，实质是唯官是求、权力至上、以官代法、权利合一。整个社会价值目标以当官为最高取向，导致社会畸形发展。"万般皆下品，唯有读书高"（北宋王洙《神童诗》）就是这种社会心理的典型反映。

官本位的主要特点如下。

①唯官是求。官本位与官员特权制度、官尊民贱的等级制度紧密相连，为官者可以享受政治、经济、社会地位的种种特权。当官可以凌驾于众人之上，可以恣意妄为，可以将社会财富私有化。因此，当官和当大官成为个人奋斗的最高目标。人生均以当官为目的，当官是实现个人理想和飞黄腾达的不二选择。

②权力至上。官本位是专制制度的产物，是建立在严格的层级管理制度上的政治制度，通过权力分层的不断强化，最终形成皇帝大权在握。因此，其核心要素是权力的至高无上。官高必尊、唯命是从是官本位的基本表现。

③以官代法。官本位强化的是权力意志而不是法律平等，官本位制度下法律只是作为权力实施的手段存在的。因此，长官意志决定一切，以官代法、以权代法，事无巨细，均由当官的说了算，长官意志必须遵守和执行，法律则形同虚设。

④权利合一。官本位体制下官是社会权力的垄断者，国家的运行不是由法律，而是由官权所决定，因此，民众无法对其权力进行约束和监督。权力专断必然形成权力腐败，权力腐败必然以权谋私。于是，公权私有、当官为己成为当官者的潜规则。中国古代民间流传的"十官九贪"之说，就是对这种现象的形象概括。

（2）"官"与"民"对立

官本位体制中的"官"从社会角色上看似乎只是一种职业分工，但实质上是一种社会等级的分类。官在上、民在下，官为贵、民为轻，突出官权、泯灭民权，以官为主、以民为仆，唯官是尊、唯民是贱。社会生活的方方面面，无不打上官贵民轻的鲜明烙印。这种现象造成官民严重对立，加剧了社会冲突，构成潜在的国家危机。

（3）权力崇拜盛行

在官本位体制下，整个社会弥漫着官员崇拜、权力崇拜之风，形成官贵民贱的社会心理，有权者高高在上、颐指气使，无权者俯首帖耳、唯唯诺诺，唯权是尊、唯命是从、奴性盛行、理性稀缺。这种现象不仅强化了专制制度的统治，钳制了社会创新的活力，也造成大量的顺民和愚民，成为阻碍社会进步的痼疾。

（二）法律制度

中国古代法律制度自夏、商、周到明清4 000多年间，逐步形成了一整套沿革清晰、特点鲜明的法律体系。

中国古代没有今天的"法律"一说，"法律"是从西方借鉴而来的现代意义。中国古代与今天法律相近的概念是"刑""法""律"。"刑"是最早的说法。《说文解字》曰："法，刑也，平之如水，从水；廌，所以触不直者，从去。"刑起源于君王对藩邦或地方反抗的镇压。《国语·鲁语上》有"大刑用甲兵"之说，君王派兵对不轨或反叛的惩罚就叫"刑"。据《尚书·吕刑》记载："夏有乱政而作禹刑，商有乱政而作汤刑，周有乱政而作九刑。"所以，中国古代有"刑起于兵"之说。春秋战国时期，"刑"的说法被"法"取代。到了秦代，"律"又替代了"法"的说法，以后多用"律"。值得注意的是，无论是刑、法，还是律，中国古代的"法"与今天的"法律"在概念和内容上有很大差异：前者从概念上讲是规定和处罚之意，强调的是对违法的惩处，内容也主要是今天的《刑法》一类；后者是社会规范和原则的意思，强调的是对社会成员利益的保护，涉及的内容极其丰富，包含人类社会生活的方方面面。另外，中国古代法和律不连用。法律连用是近代从西方移植过来的概念意义。

春秋时期，各诸侯国的法律制度发生重大变化，成文法陆续颁布。中国古代最早的成文法是春秋时期（前536年）郑国执政子产所著的法，古代文献有子产"铸刑书于鼎，以为国之常法"（《左传·昭公六年》杜预注）的记载。刑书的出现，打破了"临事制刑，不预设法"的传统，改变了原来以刑罚来判定罪名，确立了根据罪行大小而判刑轻重的法律体系，实现了由"刑"向"法"的转变，在中国法律史上意义重大。遗憾的是，子产所著的法没有传下来，文献只记载了事情本身，而具体内容则没有记载。

我国古代第一部比较系统的成文法典是战国初期魏国人李悝所编的《法经》。（图5.1）

《法经》的具体内容也失传了，但其内容的分类目录却保存下来，我们可以从这些分类目录了解其具体的内容。《法经》的内容有"盗""贼""囚""捕""杂""减"。

图5.1 李悝像

从内容的分类来看，《法经》已经是较为完备的刑法蓝本。《法经》的问世，对后世影响极大。秦国的商鞅变法，即以《法经》为蓝本。汉代萧何以《法经》为基础，参照秦律，增加"户"（户口、赋役）、"兴"（兴造）、"厩"（畜产、仓库）三篇，构成汉律的核心与基础。《法经》为我国古代社会提供了一个刑事立法的典范，其体例和内容成为后世法典编纂的重要依据和参考。

古代法律制度是中国传统文化的一个重要组成部分。经过几千年的发展和积累，不仅形成了严谨的体系、丰富的内容，也形成了独特的文化个性。其特点如下。

1. 立法以儒家思想为指导原则

秦朝全面继承了法家思想传统，把法家思想中的重刑主义推向极端，实行"严刑峻法"。初期的西汉王朝以秦暴政而亡为鉴，制定和推行一系列"与民休息"的政策，因而在法律方面形成以"约法省禁"为主要特点的法律文化和原则，并促成盛世局面的出现。

汉武帝时"罢黜百家，独尊儒术"，经过董仲舒的改造，"礼律结合""德主刑辅"，儒家思想成为主宰一切的核心思想。从西汉的"引经决狱"，东汉以及魏、晋时期的"据经解释"，直到初唐的"援礼入律"，法的内容渗透了儒家的伦理精神，许多法律内容都是以儒家的思想观念作为定罪或赦免的标准。这一传统为历代统治者所尊奉，成为"中华法系"立法的坚实基础。

2. 重刑轻法

重刑传统在中国历史上由来已久。早在夏商时期，人们就把刑罚与战场上的杀戮相提并论。即古书上所说："大刑用甲兵。"后世称之为"兵刑合一"。惩罚部族内部的非法行为用"中刑"，"中刑用刀锯"。一般的训戒用"薄刑"，"薄刑用鞭扑"。

重刑传统包含三重含义：一是指在法律观念上，人们把刑与法等而视之，甚至以刑的观念代替法的观念，把法律只看作一种禁暴止邪的工具。二是指在立法

上，历代法典都以刑法为主体，民事行为也采取刑罚手段制裁。三是指在司法上，大量使用酷刑和死刑。

3.权大于法

作为古代国家政权维持专制统治的重要工具，中国古代的法律主要是为统治者的权力服务的。因此，法只是权的附庸。权大于法体现在两个方面。

第一，"法自君出"。历代法律都以皇帝个人意志的形式表现出来。律的制定虽由朝臣具体完成，但批准权属于皇帝。不仅如此，皇帝还可根据需要随时发布诏、令、格、式作为法的补充和校正。历代帝王都凌驾于法律之上，既是最高立法者，又是最高审判官，法律进一步巩固和强化了皇权。

第二，特权法的存在。特权法是为维护等级制度而赋予贵族官僚以各种特权的法律制度。西周法律有"凡命夫命妇，不躬坐狱讼"的规定。汉代有"先请"之制，对犯罪的贵族官僚的审理，要先奏请皇帝。魏律根据《周礼》的"八辟"规定了"八议"。至隋、唐，封建特权法相因沿袭又不断发展，《唐律》规定的"议""请""减""赎""官当"等按品级减免罪刑的法律制度是特权法的典型表现。唐之后，宋、元、明各代法典均将特权法作为重要内容加以肯定。

传统法律制度的"尊尊"思想以及由此形成的"尊者"特权，是我们在认识中国古代法律制度时不容忽视的现象，这一现象在现实社会中的延续也应引起我们极大的警惕。

4.诸法合体编纂

从立法内容和法典结构上看，"诸法合体，民刑不分"是中国古代法律制度的另一个重要特点。中国古代法律最早表现为礼刑并用，之后形成诸法合体的法典体系。从战国李悝著《法经》始，至秦、汉、唐、宋、明、清诸律，都是以刑法为主，兼有诉讼、民事、行政等方面的内容。这种诸法合体混合编纂形式，贯穿于封建社会各朝代。

5. "变法"与社会变革密切联系

改革本身就是要突破旧的传统，打破旧的框框。中国古代改革最突出的特点是"变法"，即以改变现行法律作为改革的主要内容。改革以立法的形式出现，法律先行。古代的改革家本身往往也是法理学大师，从管仲、子产、李悝、商鞅，直到王安石、张居正，莫不如此。他们勇于在法理学上突破成法、破除迷信、勇于创新，不说空话、大话，直接推出切实可行的新法规、新制度，以取代旧法、旧制；在破旧的同时即立新，以法律作为立新的保障。商鞅明确打出"改帝王之制"的旗帜，王安石则喊出"天变不足畏，祖宗不足法，人言不足恤"的口号。改革者受到奖励、提拔，守旧者和破坏改革者受到贬斥、制裁，以确保新法、新制的推行。（图5.2，图5.3）

图 5.2　商鞅变法　　　　图 5.3　王安石变法

（三）宗法制度

所谓宗法制度，简单地说，就是一种以宗为尊并以此形成社会权力结构的制度。宗是什么呢？《白虎通义》讲解："宗者，尊也，为先祖主也，宗人之所尊也。"由此可见，"宗"是同族之主，是同姓宗族内祖先的代表，因其有功或有德于宗族，后人就尊其为"祖"或"宗"。"族"是具有相同血缘人群的称谓，所谓宗族就是具有共同祖先的血缘群体，血缘关系是宗族的基本特征。"宗法"就是一人为尊而众人从之的原则。这种以宗为尊的原则在中国古代世代相传，成为一种社会法则，这种社会法则就是"宗法制度"。

由此，我们可以对宗法制度作一个基本的描述：宗法制度是一种以宗为尊，在宗族成员中按与宗主的血缘亲疏关系来决定其在宗族中地位高低、权力大小、财富多寡的社会等级制度。这种制度产生于商代后期，确立于西周时期，是影响中国古代社会最深刻的社会制度。

1. 宗法制度的产生

宗法制度的产生有其特殊的历史和环境原因。其中，农耕经济和封闭的生产方式是其产生的主要原因。古代的中国，是一个在黄渭平原繁衍起来的农业社会。农业生产有三大要素：土地、自然条件、劳动力。因此，在农业生产中，体力是举足轻重、不可或缺的重要资源，是人们崇拜的对象。同时，中国古代的农业生产是一种家族式生产，而家族式生产的最大特点是男耕女织、自给自足。也就是说，生产与消费是自成一体的。在这种封闭的生产活动中，具有体力优势、能力出众者是族群生存的保障，自然成为族群的权威。这样一来，家长（宗主）的产生就成为必然。从另一个角度看，农业生产是一种有别于游牧生产的定居式生产，一个族群往往固定在一个地方休养生息、世代繁衍。出于自助和自卫的需要，血缘关系的纽带很自然地就把族群成员联系起来。这种宗族关系随着宗族的发展（扩大和迁徙）不断庞大，便构成一个强大而又相对稳定的社会关系网络。因此，建立在血缘关系上的宗法制度不仅是一种社会结构，也是一种政治联盟。它有一套维护宗族利益的结构形式和连接族群血缘关系的伦理纽带，并形成与之相适应的社会原则，这个原则就是严格规定尊卑、长幼、亲疏、嫡庶的等级秩序，以此维护宗族家长（宗主）的权威和整个宗族的稳定团结。宗法制度就是在这样的历史条件和环境原因下形成的。

2. 宗法制度的内容

（1）以血缘关系划分社会层级

以血缘关系划分社会层级是宗法制度的基本内容。在周代形成的分封制就是这种内容的典型表现。按照血缘的亲疏关系，周天子把帝位传袭给嫡长子，再按血缘亲疏关系把嫡长子以外的其他众子分封为诸侯，封赏以相应的土地及居民建立"诸侯国"。诸侯的嫡长子继承诸侯的权位，嫡长子以外的众子继续分封，成为卿大夫，其封地叫"采邑"。卿大夫的嫡长子继承卿大夫的权位，其他儿子受封为士，其封地叫"禄田"。士是最低贵族，不再往下分封。由此可见，宗法制度是一种体现社会层级关系的社会制度，而层级关系的划分是以与宗主的血缘亲疏为标准的。

（2）嫡长子继承制

宗主的原配夫人为嫡妻，其长子为嫡长子。由于嫡长子被认为与宗主血缘最亲，因此在宗法制度中被认定为宗主社会地位的法定继承人，其他众子再优秀，也不能有所僭越。这种情况带来的直接弊端就是社会角色的认定是任人唯亲而不是任人唯贤。只有在嫡妻无子或嫡长子亡故的情况下，其他众子才能补缺，德才兼备者才有可能成为宗主继承人。这样的继承原则就是古人说的"立嫡以长不以贤，立子以贵不以长"。（《春秋公羊传·隐公元年》）

（3）宗庙祭祀

宗法制度是以血缘亲疏来划分族群等级的社会制度，等级既是族群成员安分立命的社会标记，也是体现族群宗法权威和尊严的重要内容。因此，宗法制度非常强调尊祖敬宗，其目的是以此强化血缘关系、森严等级原则，使之成为族群巩固的重要手段，由此形成严格的宗庙祭祀制度和宗庙配置制度。宗庙配置，成为宗族成员社会地位的重要标志。据《礼记·王制》记载，周天子有七庙，诸侯有五庙，卿大夫有三庙，士有一庙。负责宗庙祭祀的人当然也就是各级嫡长子。（图5.4）

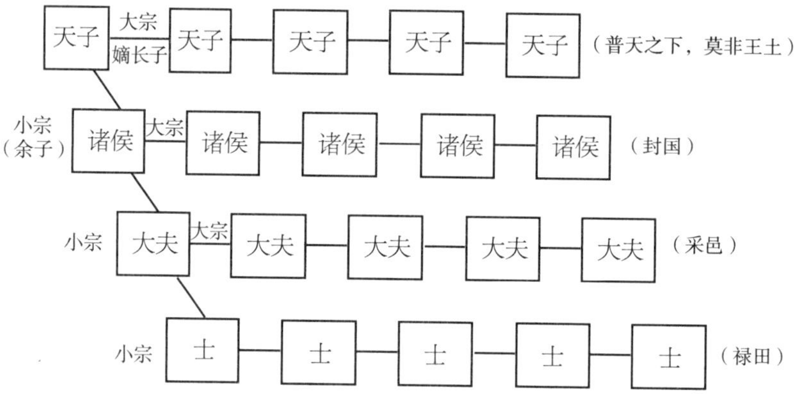

图 5.4　西周宗法制度示意图

3. 宗法制度的基本原则

宗法制的基本原则是先秦伦理观念中的忠、孝、仁、爱、礼、义、廉、耻与汉代经学化后的儒家思想融通形成的"三纲五常"。"三纲"为君为臣纲、父为子纲、夫为妻纲；"五常"为仁、义、礼、智、信。

【92】

4. 宗法制度的特点

（1）注重血缘关系

宗法制度的显著特点是注重血缘关系。血缘观念源于父系社会，是氏族部落成员社会属性的重要标志。所谓血缘，简单说就是亲缘关系。在宗法制度中，父系血缘成为维系家庭和家族的纽带，并成为宗法制观念的核心内容。宗法制社会的伦理道德、交往原则、法规制度无不与此相联系。汉代以后，血缘观念与儒家思想渗透融合，形成对中国古代社会影响深远的思想范畴。

血缘观念最常见的外在形式是祠堂、家谱、族权。祠堂是具有相同血缘关系的宗族供奉祖先牌位和祭祀祖先、议断宗族事务的场所。祖先崇拜是宗法制的重要内容，因此，祖先祭祀是最重要、最严肃的礼制，"礼有五论，莫重于祭"。祠堂还是向宗族成员灌输家规、族规观念的场所，发挥着强化家族意识、维系家族团结的作用。家谱是家族的档案，不仅可以凝聚宗族关系，也可防止战乱、流动所导致的血缘关系紊乱和家族的瓦解，还是解决家族纠纷、惩戒不肖子孙的文字依据。宗法制度以血缘联系的方式，构建起中国古代最稳定、最广泛的社会组织，并以此不断延伸，最终实现家、族、国的有机统一。（图5.5—图5.8）

图5.5　祠堂

图5.6　牌坊

图5.7　家谱

图5.8　家训

（2）注重家庭关系

宗法制度的第二个特点是以家为本的思想观念。由于"宗"和"族"的形成是建立在"家"的基础上的，所以"家"的观念成为宗法制文化的核心观念。家是血缘关系成员最重要的生存单位和基本社会组织，是以族群成员的相互关怀、共同利益为价值原则的。因此，家族的利益是族群整体的利益、家族的权威是人人必须遵守的权威，这种观念在宗法制社会中被不断放大和强化，形成根深蒂固的家本位情结。中国传统社会重家族轻个人，重群体轻个体，重整体轻局部的价值取向正是这种思想观念的深刻反映。汉语中的"国家"这个概念，家就是国、国就是家，家以国为依归、国以家为基础，正是家本位思想在公共语言符号中的形象反映。随着儒家伦理文化的社会化，孝文化与宗族血缘观念互为渗透，对家庭的归属和对族群的认同成为中华民族最重要的价值原则之一。（图5.9）

图 5.9　家训图

（3）权力高度集中

宗法制度以父系家长作为家族的核心，家长掌握着族群的大小权利，对整个家族进行支配。所以，家长既是族群权威，也是家族的最高统治者，其权力的重要内容，就是以血缘亲疏为标准维护权力的权威与延续。比如西周的宗法制就和分封制紧密结合在一起，其主要内容为"嫡长子继承制"。这是一种以宗主血缘关系亲疏为准绳的"权利（包括统治权力、财富、封地）继承法"，其目的是确保宗主权力的延续和至高无上。

为了强化宗主的合法性，宗法制文化强调"讲孝道、重权威"，从而确立了"孝"文化在中国传统文化中的重要地位。儒家思想进一步将其道德化，使之成为社会伦理的重要内容。"父子有亲、夫妇有别、长幼有序""百善孝为先""忠臣良吏出孝门""讲孝道"成为宗法制社会最根本的礼法，是维护宗主统治地位和权力合法性的思想基础，同时也成为中国传统文化中伦理道德的重要内容。"重权威"的传统则成为中国人缺失自我、迷信他人的人格取向，不仅形成中国人谦卑温顺的社会心埋，也是中国社会崇拜权威、迷失理性的重要原因。（图 5.10，图 5.11）

图 5.10 "孝"字

孝：上为老

子：下为子

善事父母者。从老省，从子，子承老也。

图 5.11 "孝"字图解

（4）社会等级分明

宗法制由父系家长制演变而来，是氏族社会按血缘关系分配社会资源和氏族权力及利益的一种制度。其特点是宗族组织和国家组织合二为一，宗权和政权相融一体。因此，以宗主血缘来划分权力、财富、地位等级是宗法制的特点。

在周代初期，周天子依照血缘的亲疏进行分封，将氏族成员分成不同等级，恪守严格的等级秩序，维持这种等级的则是礼制。这样，宗法思想通过血缘联系，将个人、家族、国家紧密联系起来，形成家国一体、等级森严、规则严密的社会制度和政治联盟。

5. 宗法制度对中国古代社会的影响

（1）家国同构

家与国同一结构是中国古代宗法制社会最鲜明的文化特征，即作为社会个体的家和作为社会集合体的国是一种内容的两种形式，只有大小的区别，而无实质的不同，家与国通过千丝万缕的血缘联系融为一个庞大的社会共同体。前面说过，宗法制社会是以血缘关系为纽带的社会组织结构，这个结构以国家最大的宗主——君王为核心由上向下、层层延伸，形成纵横交错、错综复杂的社会结构。这些社会结构自成一体又集合成群，使整个国家形成家就是国、国就是家的奇特现象，"家是小国，国是大家"，汉语中的"国家"一词，就是这种现象的注解。因此，就家庭而言，家长地位最尊、权力最大；就国家而言，君王的地位最尊、权力最大。君王既是一国之君，也是整个宗法制社会最大的家长。所以，国与家是互为关系、彼此相通的，故《大学》里有"欲治其国，先齐其家"的说法，因为家是国的组成部分，治国只能先小而后大。家国同构的实质其实就是家天下，也就说，归根到底，国家是宗法制最大的家长——帝王的。家天下是造成中国古代社会专制独裁的重要原因。

值得注意的是，家国同构在强化家长专制独裁，忽略社会成员的尊严与权利的同时，也形成了古代中国顾全大局、爱国爱家的优良传统。而这个传统，正是中国传统文化最值得弘扬和传承的宝贵精神。这是我们在学习认识宗法制文化时，必须充分认识的。

（2）浓厚的血缘观念

宗法制社会的结构要素是血缘，血统的高贵与否与一个人的社会化走向直接相关。历代在选拔官吏时，都把家庭清白看得十分重要，并视出身高贵为上，使"寒门出贵子"成为少见的现象。血统论最盛行的魏晋时期，各级重要官员基本上从士族选出，形成了世袭士族制度。隋唐以来的科举考试，规定"娼、伶、皂、隶"不能入考。这种看重家族血统的观念使得一个人能否入仕，在一定程度上取决于其家庭门第。王位继承则更是严格，"立嫡以长不以贤，立子以贵不以长"，为了保证江山不旁落他姓外族之手，甚至不惜实行残酷的宦官制度。历史上许多人对于一些王朝外戚擅政一概否定，很大原因是"正统"思想在作祟。就连对人的处罚，也要扯上血缘关系，总要牵连其家族。所以，"一人得道，鸡犬升天"，"一人犯法，株连九族"。对血缘关系的看重使家族成员间不可避免地形成休戚相关、荣辱与共的关系，从而形成强大的人情网和裙带关系。这种"任人唯亲"的社会风气不仅成为中国特色，也极大地制约了社会的竞争活力和良性发展。时至今日，这种"亲亲"的文化传统仍长盛不衰。任人唯亲、夫荣妻贵、父尊子显的思想仍有残存，传统文化的强大生命力由此可略见一斑，构建和谐社会任重而道远。

然而，我们也应看到，中国传统文化中的宗法制血缘观念在破坏社会公平、滋生近亲繁殖的同时，也发挥着积极的社会作用，那就是，血缘关系的纽带把无数的社会结构细胞联系成一个强大的集合体，使整个社会产生出强大的凝聚力，从而成为中国古代社会超稳定的重要因素之一。中国古代社会能够延续数千年而始终统一，离不开这种文化的维系作用。

（3）伦理化特征

宗法文化的核心要素是以宗主血缘亲疏划分出社会的等级关系。等级关系的法理揭示，就形成伦理秩序。所以，中国传统社会是一个注重伦理秩序的社会。所谓伦，是人与人之间的层次关系，"伦，辈也"。（《说文解字》）伦理则是指人与人之间因等差、辈分关系而形成的规矩和原则。这种规矩和原则以家庭关系为基础，推而广之，形成"君君、臣臣、父父、子子"的社会秩序。在这种社会秩序中，君臣秩序是最高秩序，父子秩序是基础秩序，要维护君臣秩序，就要从维护父子秩序做起。这里的逻辑关系是，儿子与父亲的关系是上下关系，儿子孝忠父亲天经地义；臣子与君主的关系也是上下关系，臣子孝忠君王也是天经地义。因此，尽孝即是参政，守孝就要忠君，道德义务与国家大义、人伦关系与社会秩序有了奇妙的结合。伦理文化不仅体现了宗法原则，也强化了国家秩序，带来中国古代社会规矩繁多、等级森严的文化传统，也助长了社会的封闭和专制的盛行。

然而，我们也应该清醒地看到，正是这种伦理化倾向，形成了中国古代强大的道德传统和人本化传统。忠、孝、仁、爱、礼、义、廉、耻与伦理观念是互为关系的，而对世俗价值的看重使中国古代超越了他民族对宗教的崇拜而成为人本主义根深蒂固的国家。从这个意义讲，伦理化传统是古代中国成为一个礼仪之邦和超越宗教狂热的重要原因。而以上两点，正是中国传统文化区别于他文化的独特个性与魅力。

单元互动

一、制度与制度文化

1. 什么叫制度?

2. 什么叫制度文化?

二、制度文化的作用

谈谈制度文化有哪些作用。

三、中国古代制度文化的基本内容

（一）政治制度

1. 中国古代政治制度的特点有哪些?

2. 中国古代官僚政治的特点有哪些?

（二）法律制度

中国古代法律制度的特征有哪些?

（三）宗法制度

1. 宗法制文化的特点有哪些?

2. 宗法制对中国社会的影响有哪些?

第六章

中国古典艺术

一、中国书法

书法是特指用毛笔写汉字的艺术，是中华民族在汉字书写过程中形成的一门独特的艺术。其特点是通过汉字的用笔用墨、点画结构、行次章法等造型手段，来表达书写者的人格情趣、气质风貌，展现其独特个性和审美境界。形式上，它是一门追求线条美（提、按、顿、挫、疾、徐、收、纵）的艺术；内容上，它是一门体现民族人文精神（和合之美）的艺术。宗白华先生认为："中国的书法，是节奏化了的自然，表达着深一层的对生命形象的构思，成为反映生命的艺术。因此，中国书法不像其他民族的文字，停留在作为符号的阶段，而是走上了艺术美的方向，成为表达民族美感的工具。"（宗白华《中国书法艺术的性质》）

（一）书法成为艺术的原因

1. 汉字具有表现性的特点

汉字是对自然事象的模仿与表现性概括，在其产生的初始形态上即反映着中国人对自然美法则的认识和对美的表现能力。东汉蔡邕在《九势》中指出，"夫书肇于自然,自然既立,阴阳生焉;阴阳既生,形势出矣"。由此观之,汉字是对自然事象的模仿与表现性概括。所谓"象形者,画成其物,随体诘屈"(许慎《说文解字》),汉字的这一特点使其具有与生俱来的表现性优势,无论是早期的以形示意,还是后来对这一特点的抽象化发展,汉

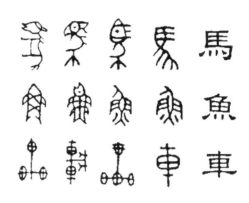

图 6.1　汉字的特点

字都具有鲜明的形式美特征。这种形式美主要从笔画、线条的结构关系及其力量变化、动静态势中表现出来。(图 6.1)

2. 毛笔具有极丰富的艺术表现力

作为汉字书写的工具,毛笔的作用不可小觑,其历史也源远流长。大约在新石器时代,毛笔就产生了。最早的成熟文字甲骨文,也是先用毛笔书丹,再用刀凿刻而成的。毛笔用禽、兽毛制作而成,经后世制作工艺的不断改进,毛笔具有了圆、尖、齐、健的特点。由于毛笔的这些特点,才有了极其丰富的艺术表现能力。"惟笔软则奇怪生焉"(蔡邕《九势》),随着毛笔在纸上纵横提按的运动,形成或长或短、或细或粗、或圆或方、或轻或重的线条。这些线条可以敏锐地记录书写者的动作和力量变化,传达出书写者跌宕起伏的情绪,从而使汉字书写成为技巧性极高、表现性极强的技艺。(图 6.2)

图 6.2　毛笔

3. 书法是书家人文情感的蕴涵与张扬

早期的书法通常用于人们书写文字的日常活动,到了东汉,由于文人书家的介入,书法逐渐同文字分离开来,成为一种独立的艺术门类。汉人赵壹在《非草书》中批评时人习书"夕惕不息,仄不暇食。十日一笔,月数丸墨"。透过赵壹对草

书学习者的批评，我们可以看出，已经有一批数量可观的人意识到书法对情感的表现作用，开始自发、自觉地追求书法艺术。

书法是书法家审美情趣的产物，必然带有书法家的人文价值取向。"书，心画也"（扬雄《法言》），书法这种心灵的艺术正是人精神美的体现。书法家在进行创作时，其运笔的疾徐顿挫反映了内心情感变化的轨迹，也是其人文情感的张扬表现。从这个意义上讲，书法是富含人文情感的审美符号。在书体的演变以及后世书家的推进中，书与人的关系越来越密切。唐人孙过庭在《书谱》中指出，书法可以"达其情性，形其哀乐"。书法已经不单纯是写字，而且是一种高级的精神活动。如同文章一样，可以表达作者内心世界，强调心手合一，通过书法来展现创作者的心态和情感。清代刘熙载在《艺概·书概》中总结为："书者，如也，如其学，如其才，如其志，总之曰如其人而已。"

（二）书法起源和分类

1. 甲骨文

殷商时期，产生了比较成熟的文字——甲骨文。（图6.3）甲骨文是用刀刻在龟甲兽骨上的文字，内容是占卜活动的记录。清末年间，甲骨文在河南安阳陆续出土（总计10余万片，共有图形符号4 000余个，已识别文字约2 500个），由时任国子监祭酒的王懿荣考证推出。（图6.4）甲骨文字体形态以方折为主，表现为瘦劲、峻挺的刻画特征。从书法角度看，甲骨文已经具备了后世书法的用笔、

图6.3　祭祀狩猎涂朱牛骨（商）

图6.4　甲骨文发现者——王懿荣

章法、结字诸多要素。

2. 金文

金文是商周时期铸刻在青铜器上的文字。商周是青铜器的时代，钟为礼乐之器，鼎为权力象征，"钟鼎"是青铜器的代名词，故名"钟鼎文"。因秦称铜为金，故又把铸刻在青铜器上的文字称为"金文"。金文特点是笔画凝重、体势恢宏、朴茂典雅。（图6.5，图6.6）

图 6.5　大克鼎（西周）

图 6.6　大盂鼎（西周）

图 6.7　石鼓文（大篆）

3. 石鼓文

石鼓文是春秋战国时期秦国刻在石簋、石鼓上的文字，是我国最早的石刻文字，世称"石刻之祖"。因为文字是刻在十块鼓形的石头上，故称"石鼓文"。其笔画匀整、结字疏朗，用笔遒劲有逸气，其所用的文字为籀文。籀文和前面所说的金文又叫大篆，是春秋战国时期通行于秦国的文字。（图6.7）王国维曾指出，"战国时秦用籀文，六国用古文"（王国维《战国时秦用籀文六国用古文说》）。石鼓文和秦始皇统一中国后的秦小篆已十分接近。

4. 小篆

秦统一中国后，由于各国文字相异，丞相李斯建议废除与秦国文字不同的文字，得到秦始皇的采纳，遂颁布"书同文"等政令，由李斯等人对各国文字进

【102】

行整理，统一成规范的书写形式——小篆。（图6.8，图6.9）秦代小篆的特点是行笔圆润流畅，线条匀净修长，笔画粗细划一，结构上密下疏、纯净简约，字态端庄凝重、骨气丰匀。主要用于官方文书、记功刻石和印章中。

图6.8 秦诏版（秦）　　　　　　图6.9 峄山碑（秦）

5. 隶书

隶书是由篆书发展变化而成的新字体，约起源于秦代，盛行于汉代。由于汉代国事繁杂，用小篆书写已经不能适应社会需要，于是隶人参与辅助书写。隶人是掌管文书的下层官吏，他们所用的字体便是比篆书书写较为便捷的隶书。其特点是字形变圆为方，笔画改曲为直，连笔改为断笔。卫恒在《四体书势》中说："隶书者，篆之捷也。"隶书从字的结构到线条，都比篆书更便于书写。

隶书的出现是汉字演变史上古文字和今文字的一个转折点，它上承篆书，下启草书、楷书。隶书结体扁平、工整、精巧，笔画起讫美化为具有波磔之美的蚕头燕尾，轻重顿挫富有变化。它增强了书法艺术的造型美，风格也趋于多样化，艺术欣赏的价值大大提高。正因为如此，隶书吸引了最早的文人书家参与书法艺术的创作。（图6.10，图6.11）

6. 楷书

楷书也称作"真书""正书"，在汉隶鼎盛的时期，楷书已孕育其中，并逐渐从隶书演变而来。楷书的笔画中简省了汉隶的波磔，字形由扁改方，更趋简化。

第六章　中国古典艺术

图 6.10 曹全碑（汉）　　　图 6.11 河西简牍（汉）

由于架构严谨、端正整齐，如同楷模，故称其为"楷书"。初期的楷书，还保留着一些隶书笔意。如钟繇和王羲之的楷书，结体较扁，横画长而竖画短。到了唐代，由于国势强盛，加之唐太宗大力提倡书法，楷书书体成熟、书家辈出，出现了繁荣的局面。初唐的虞世南、欧阳询、褚遂良，盛唐的颜真卿，晚唐的柳公权，其楷书作品均被后世奉为习字的模范。（图 6.12，图 6.13）

图 6.12 颜真卿《多宝塔碑》（唐）　　　图 6.13 欧阳询《九成宫醴泉铭》（唐）

7. 草书

草书形成于秦末汉初，是为书写的简便在隶书基础上演变而来的一种字体。经过后世文人、书家有规律的加工，"存字之梗概，损隶之规矩，纵任奔逸，赴速急就"（张怀瓘《书断》），将字的点画连接、结构简省、偏旁假借，草书就有了比较规整、严格的形体。草书分为章草和今草，章草带有隶书特点，上下字独立不连写；今草脱离隶书痕迹，偏旁部首也作了简化和互借。在汉代，草书逐渐脱离实用功能，走上了纯艺术的道路。到东晋王羲之的时代，今草已经基本定型，而此时的草书，已经充分具备了抒情功能。唐代出现了以张旭、怀素为代表的书家，在今草的基础上将点画连绵书写，形成笔势连绵回绕、字形狂放多变的"狂草"，将抒情的功能推向了极致。草书是最能寄托书家胸臆的字体，也是最能体现人的情性的艺术。（图6.14，图6.15）

图6.14　怀素《自叙帖》（唐）

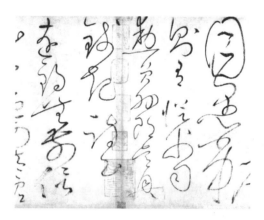

图6.15　王羲之《远宦帖》（晋）

8. 行书

行书萌发于两汉，成型于魏晋，是介于楷书、草书之间的字体。"不真不草，是曰行书。"（张怀瓘《六体书论》），行书书写较为自由，有较大的可变性。行书用笔的最大特点是用连笔和省笔，以勾、挑、牵丝来加强点画的呼应，不用或少用草化符号。行书较多保留了字体的结构，既便于书写，又便于识别，兼具审美价值与实用价值，书家对其情有独钟。

（1）天下第一行书——《兰亭集序》

东晋永和九年(公元353年)三月三日，王羲之与谢安、孙绰等41人，在山阴（今浙江绍兴）兰亭雅集。与会者曲水流觞，饮酒赋诗，各抒怀抱，抄录成集，王羲之为他们的诗写的序文，即《兰亭集序》。《兰亭集序》通篇笔势纵横，点画相映，

变幻莫测,是王羲之50岁时的得意之作,历代书家都推《兰亭集序》为"行书第一"。(图6.16)

图6.16 王羲之《兰亭集序》

（2）天下第二行书——《祭侄文稿》

《祭侄文稿》是颜真卿为祭奠就义于安史之乱的侄子颜季明所作,对亲人的悲痛哀思、对奸臣的愤慨,形成了这篇作品特有的艺术风格。颜真卿在书写《祭侄文稿》时情感真挚而充沛,纵笔豪放,增删涂改,不计工拙,常常写至枯笔,更显苍劲。其忠烈之气,见诸笔下墨迹;悲愤切骨之情,流露于字里行间。《祭侄文稿》被元人鲜于枢誉为"天下行书第二"。（图6.17）

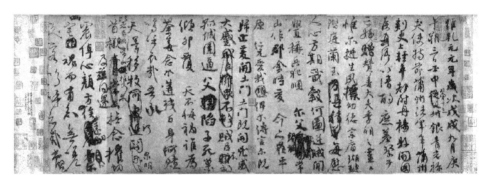

图6.17 颜真卿《祭侄文稿》

（3）天下第三行书——《黄州寒食诗帖》

《黄州寒食诗帖》是苏轼行书的代表作。这是一首遣兴的诗作,以行草写成,笔法自由烂漫,是苏轼被贬黄州（今湖北黄冈）第三年（1082年）的寒食节所发的人生之叹。诗写得苍凉惆怅，书法起伏跌宕，迅疾而稳健，痛快淋漓，一气呵成。苏轼将诗句心境情感的变化，寓于点画线条的变化中，或正锋、或侧锋，转换多变，顺手断联，浑然天成。《黄州寒食诗帖》是苏轼行书的代表作，被称为"天下第三行书"。（图6.18）

图6.18 苏轼《黄州寒食诗帖》

（三）书法的审美特点

1. 线条美

线条是书法的基础和灵魂，是书法家表情达意，精神气质和学养得以流露的媒介。线条美是书法中笔画运行走势的美。我们在欣赏一幅书法作品时，首先感受到的也是线条。所以，它也是沟通欣赏者与书家的桥梁。毛笔工具为线条美的塑造提供了完美的条件，欣赏者把线条作为审美对象时，应从笔触的力量感、立体感和节奏感入手，从视觉上把握作品的深层内涵，去获得精神上的享受，心灵上的慰藉和震撼。

2. 结构美

所谓结构美，是指书法中字体组合在书写过程中体现出来的匀称、和谐的美。中国书法是造型的艺术，汉字是由"象形"发展而来的符号，具有造型上的审美特征。如同建筑，有了砖瓦、木料等基本材料，必须按照一定的规律和方法，进行各种空间组合，才能造出结实、美观的楼房。汉字书写，也需要审美表现。汉字形体基本呈方块形，但具体到每个字又有大小、俯仰、重叠、疏密、长短等不同的结构特征。一个字不论有多少笔画、偏旁部首多么复杂，都均衡而巧妙地组合在方块空间里，表现出既平衡和谐又灵活多变的审美特征。简单的点画线条，在书法家的笔下，通过张弛变化、向背呼应、穿插交错、疏密大小等手段，成为一个个赏心悦目的审美个体，体现出书法生成的独特魅力。

3. 章法美

章法是指书写过程中整体布局，字与字、行与行之间呼应关系体现出的和谐美和统一美。刘熙载说："书之章法有大小，小如一字及数字，大如一行及数行，一幅及数幅，皆须有相避相形，相呼相应之妙。"（刘熙载《艺概·书概》）章法美之要领可以归纳为体势承接、虚实相成、错落有致，它们是字与字之间、行与行之间、幅与幅之间的联络方式。有了这样的章法，一幅书法作品就会具有活泼旺盛的生命力，产生"字里金生，行间玉润"的效果。"初学分布，但求平正，既知平正，务追险绝，既能险绝，复归平正。"（孙过庭《书谱》）书法艺术创作在章法上既讲究错落之趣，又追求井然之美，最终达到险绝和平正的和谐统一。

4. 意境美

书法的意境美，是整个书法审美的灵魂，也是打动欣赏者的内在因素。所谓意境，就是艺术作品营造出的品味境域，意境美就是这种品味境域产生的美。艺术是人的审美创造，是人的精神诉求和精神需求的产物。书法是艺术，也是书法家人文情感的张扬与表达。因此书法作品带给我们的，不仅仅是形式上的赏心悦目，更是书法家审美情感的符号化表现。这种表现通过笔触、线条、浓淡、粗细、刚柔、疏密营造出丰富多彩的审美意蕴，在表达书法家人文诉求的同时，也使书法作品产生意义无限、品悟不尽的独特魅力。

二、中国画

中国画是以墨为主、以色为辅，以毛笔为工具，以宣纸和绢帛为载体的具有中华民族特色的画种。所以，中国画技法和理论的重要内容是"笔墨"。中国画产生的人文基础：以天、地、人相互关系为表现理念，通过对物象内在品格的深层把握与传神展示，体现从自然之我到我之自然的艺术品悟，达到物我一体、天人合一的境界。从而形成重在写心、写神，追求表现对象神似的写意传统，成为融汇民族文化素养、思维方式、审美意识和哲学观念的独特艺术体系，与西方追求写实效果的绘画传统形成两种不同的艺术风格。值得注意的是，19世纪以来，西方绘画开始了从对事物的客观表现向对事物的主观感受的艺术转向，其艺术理念与实践和中国传统绘画理念与实践殊途同归。可见，对中国传统绘画艺术理念与价值意义的研究、发掘尚待深入。

（一）中国画的艺术特点

1. 散点透视、远近游目

中国画主要用散点透视，但也不排斥用焦点透视。散点透视可以充分地表现出空间跨度较大的景物的多个方面，使得视野宽广辽阔，形象创造和画面构图有更大的自由度。散点透视需要画家仰观俯察、远近游目，避免了画家在一个固定观察点的局限，从而可以用更自由的表现方法和心灵空间去表现事物对象。中国画在构图方式上的这一特点，源于"立象尽意、意在言外"的美学追求。因此，散点透视和远近游目的方式在山水画中可以大观小，在花鸟画中可以小观大。（图6.19，图6.20）

2. 计白当黑、虚实相生

计白当黑的原理不仅适用于书法，也同样适用于中国画，即空白的部位要像有画面的部位一样作认真的推敲和处理，使得虚处与实处相映成趣，达到"虚实相生，无画处皆成妙境"（笪重光《画筌》）的效果。

图 6.19　郎世宁《十骏图》

图 6.20　傅抱石《平沙落雁》

唐代以后的人物画中便少有背景，花鸟画中只画花鸟虫鱼而不画天空地面和流水，山水画中的云雾和江河也经常用空白来表现。画面中的空白并不影响欣赏者对画面的判断，反而为欣赏者留下了想象的空间，增加了画面的韵味。（图 6.21，图 6.22）

【110】

图 6.21　李可染《桂林山水》

图 6.22　朱耷《禽鸟图》

3. 遗貌取神、立意传神

中国画特别注重物象的内在精神和画家主观情感的表现，画幅中的内容可按创作意图进行取舍和改造，舍弃对形貌的过度追求而重在写意和传神。

唐代画论家张彦远提出"意存笔先，画尽意在"（张彦远《历代名画记》）的绘画创作理论，认为绘画应当以画家的主体精神与想象能力来超越客观物象的描绘，在似与不似之间追求神韵和意境美。

遗貌取神、立意传神确立了中国画神高于形的美学观，即画家不仅仅停留在追求形似的层面，还要上升到追求神似的层面。不局限于外形的模仿，不拘泥于自然之真实，却刻意于意蕴丰富的符号美。（图6.23）

图6.23　张大千《林壑幽居图》

4. 诗书画印、交相辉映

中国画题诗钤印的形式，将诗情、画意、书法、篆刻融为一体，形成了中国画独特的内容美和形式美。文人参与绘画创作之后，画家往往又是诗人和书法家，题画诗通常是画家本人或者其他人的所题之诗。诗的内容或指明画意，或增加画趣，诗中有画、画中有诗，具有独特的艺术魅力。画上的印章也非常值得欣赏玩味，其内容除了画家名号之外，往往还有格言和画家的心语，是作品的有机组成部分。

题诗和钤印，提高和补充了欣赏者对作品的认识和理解，增加了作品的可玩性。诗、书、画印在一幅画面上互相呼应、互相映衬，起到了点缀与平衡构图等多方面的作用。（图6.24，图6.25）

（二）中国画的分类

1. 人物画

人物画是中国画中最早出现并成熟的画种。1973年在青海大通孙家寨出土了一件舞蹈纹彩陶盆，系马家窑文化（新石器时代）的珍宝。（图6.26）到了商、

图 6.24　王冕《墨梅》

图 6.25　徐悲鸿《秋风千里》

周时期，已经出现画有人物的壁画。战国、秦汉时期的帛画，也多以人物为素材，表现战争、宴乐、狩猎、出行等现实生活题材。（图 6.27）

图 6.26　舞蹈纹彩陶盆（新石器时期）

图 6.27　人物龙凤图（战国帛画）

到了东汉，由于纸的发明，促进了绘画的普及流通，佛教的传入也丰富了绘画的题材和技法。魏晋南北朝成为人物画蓬勃发展的时期，出现了以顾恺之为代表的人物画大师，他提出"以形写神"，要求抓住人物的典型特征来表现其内在精神。（图 6.28）

唐代是人物画创作的繁荣期，擅长人物画的画家有阎立本、吴道子、韩幹等。唐代人物画的特点是不画背景，注重人物服饰、举止、面部表情，有意突出主要人物。（图 6.29，图 6.30）

宋代人物画题材拓展、风格多样，李公麟发展了白描手法，对后世影响深远。这一时期，随着城市经济的发展，反映市俗生活的风俗画繁荣起来，张择端的《清明上河图》便是这类作品的代表。宋代以后，山水画兴起，人物画逐渐衰落。（图 6.31，图 6.32）

图 6.28 顾恺之《洛神赋图》局部（晋）

图 6.29 阎立本《步辇图》局部（唐）

图 6.30 周昉《簪花仕女图》（唐）

2.山水画

山水画，是以山川自然景观为主要表现对象的绘画，萌芽于魏晋南北朝时期。晋室东迁后，士大夫们流连山水之美，山水之游成为一种社会风尚。画面中的山水逐渐从人物画中分离出来，不再仅仅充当人物画的背景，山水画也随之兴起。东晋宗炳所撰的《画山水序》，是我国山水画论的开端，提出了"澄怀味象"的美学思想。

 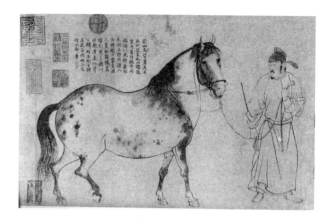

图 6.31　梁楷《泼墨仙人图》（宋）　　图 6.32　李公麟《五马图》其一（宋）

隋唐之际已有不少专门的山水画制作，山水画逐渐发展为独立的画种。山水画在隋唐时期形成了风格迥异的两种流派，展子虔、李思训用笔遒劲细密，赋色工致浓丽，开创金碧山水一派。吴道子以其笔简意远的"疏体"画风，确立了水墨山水画派。（图 6.33）

五代、北宋山水画越加成熟，臻于鼎盛，成为中国画中的一大画科。五代时期的荆浩、关仝、董源、巨然是对山水画作出里程碑式贡献的画家，荆浩、关仝一改陈规旧习，开创了大山大水的全景式的山水构图；董源、巨然成为长于表现草木葱茏、风雨明晦变化的江南山水画派的代表。（图 6.34）这一时期，山水画

图 6.33　展子虔《游春图》（北周）

图 6.34 董源《潇湘图》（五代）　　　　　　　　　　图 6.35 马远《梅石溪凫图》（宋）

重要技法"皴法"得到长足发展，墨法逐渐丰富，水墨及浅绛山水画已发展成熟。北宋初期山水画的代表是李成和范宽，北宋中期山水画家的代表是王希孟和郭熙，王希孟的《千里江山图》是现存的早期最大的一幅青绿山水卷轴画。北宋中后期的米芾、米友仁父子创造了一种浑圆凝重、干湿相兼的描绘山峰的方法"米点皴"。

南宋山水画改变北宋传统，以边角之景代替全景式的山水构图，以局部特写体现整体刻画，开创山水画的新时代。代表画家是被称为"南宋四大家"的李唐、刘松年、马远、夏圭，他们对山水画的表现技法均作出了可圈可点的贡献。（图6.35）

元代山水画出现了重要转折，对描形状物的轻视和对气势韵味的追求是这种转折体现出来的重要审美变化，这种变化的代表人物是赵孟頫及后来的"元四家"（黄公望、王蒙、吴镇、倪瓒）。（图 6.36，图 6.37，图 6.38）

明代山水画门派林立，前期以戴进、吴伟为代表，中期以沈周、文徵明、唐寅、仇英（"吴门四家"）为代表，后期以董其昌为代表。

清代山水画表现为两种风格："清初四僧"（石涛、朱耷、髡残、弘仁）追求创新精神，"清初四王"（王时敏、王鉴、王翚、王原祁）刻意仿古，追求精练规矩。"四僧"山水画以构思新奇、笔墨多变的石涛影响最大，而"四王"对山水画传统风格的追求与各类技法的归纳总结功不可没。（图 6.39，图 6.40）

3. 花鸟画

花鸟画是以花卉、竹石、禽鸟等为描绘对象的画科，主要有工笔设色和水墨写意两大技法类型。

图 6.36 赵孟頫《秀石疏林图》（元）

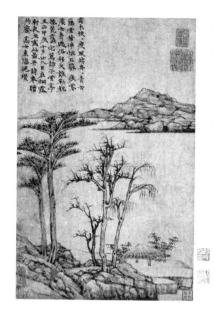

图 6.37 倪瓒《山水》（元）

图 6.38 黄公望《富春山居图》局部（元）

图 6.39 石涛《山水》（清）

图 6.40 王翚《烟汀小艇》（清）

在我国，四五千年以前的陶器上就出现了简单的鸟鱼图案，可以视为我国最早的花鸟画。唐人张彦远《历代名画记》载，东晋、南朝宋时画在绢帛上的花鸟画已逐步形成了独立的画科。到了唐代，出现了工笔勾填、画风艳丽的边鸾和以墨代色、墨分五彩的殷仲容。五代是花鸟画发展的重要时期，西蜀的黄筌（图6.41）和南唐的徐熙是花鸟画风格形式上的开创元勋。前者擅长宫中珍禽异兽的描画，充满富贵气；后者善取材郊野花鸟鱼虫，传达自然朴素、天真原始的意趣，具有野逸风格，故有"黄家富贵，徐家野逸"之说。

图 6.41　黄筌《写生珍禽图》（五代）

宋代是花鸟画的成熟期。一方面，院体画家发扬光大了"黄家富贵"的宫廷风格；另一方面，文人士大夫的水墨花鸟画形成了独特的体系。南宋后期的梁楷、牧溪的水墨画开创了写意花鸟的先河。

元代花鸟画更重视意境意趣的发掘，墨笔花鸟及梅兰竹石题材广泛流行。

明代"吴门四家"的花鸟画在吸收前人成果基础上发展出鲜明个性特征，取得重大突破。晚明徐渭将狂草笔法、泼墨法融入大写意花鸟画，很好地表达了他的澎湃激情和愤懑情绪。他笔下的花卉卓尔不群，是从根本上完成水墨写意花鸟画变革的一代大家。（图 6.42，图 6.43）

图 6.42　徐渭《墨葡萄图》（明）

图 6.43　唐寅《风竹图》（明）

清代花鸟画人才辈出、作品众多、成就巨大。石涛、恽寿平、朱耷（八大山人）和"扬州八怪"等都在花鸟画发展史上占有重要地位，特别是八大山人以其独特的绘画语言，表现内心的忧伤与家国之痛，其笔墨与造型均独树一帜。（图 6.44—图 6.47）

图 6.44　八大山人 花鸟作品（清）

图 6.45　八大山人 花鸟作品（清）

图 6.46　郑燮《墨竹》（清）

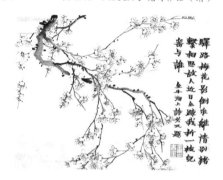

图 6.47　金农《梅花》（清）

三、古典文学

文学是一种特殊的文化形态，是人的审美创造活动的产物。文学以语言文字为表现媒介，通过对有感染力的形象的表现，将人的思绪引向对世界无限意蕴的体悟，从中获取感动与惊喜。由于语言文字是人类最重要的交际工具与思维符号，因此文学是与人类关系最密切的艺术形式，是人对显现与隐蔽、有限与无限构成的世界真相的诗意体悟与表现。

钱中文曾说："文学是审美意识形态，以情感为中心，但它是感情和思想的认识的结合；它是一种自由想象的虚构，但又是具有特殊形态的多样的真实性；它是有目的的，但又具有不以实利为目的的无目的性；它具有社会性，又具有广泛的全人类的审美意识形态。"作为人的审美精神创造活动，当人把自己的情感和理想追求作为欣赏对象时，文学活动便产生了。

文学既然是人的情感与精神追求的产物，当然和文化、时代语境有关。归根到底，文学的最终本质是一种文化表现，是人的审美意识作用于文字媒介的产物。

中国古典文学是中国传统文化中一个极为重要的组成部分。在其长达3 000多年的发展历程中，高峰迭起，精彩纷呈，生动形象地体现了中国传统文化的审美理念、人文追求。

（一）诗歌

1. 诗歌的起源

（1）古歌谣是最早出现的文学形式

①诗歌起源于人的群体性社会活动。诗歌的产生可以追溯到人类生活的原始阶段。《淮南子·道应训》里记载："今夫举大木者，前呼'邪许'，后亦应之，此举重劝力之歌也。"所谓"举重劝力之歌也"，是指人们在生产劳动的过程中为了减轻疲劳和协调动作自然地发出的劳动号子。这种号子没有任何歌词，但在一定时间内或重复、或变化。这种自然的声音节奏和韵律就是诗歌的雏形，一旦与语言结合，就成为歌谣，文学创作由此开始。

②音乐与人的活动紧密相连。人类的早期活动由于生产力的低下常常以群体行为为主，而在群体行为中为了动作的统一协调，就要用呼声作为律令。久而久之，这种有节奏和韵律的声音就成为表情达意的音乐。音乐与语言结合，就成为诗歌。诗歌的演绎，又常常需要动作的张扬。这样，舞蹈也就出现了。"古越俗祭防风神，奏防风古乐。截竹长三尺，吹之如嗥，三人被发而舞"（《河图玉版》）就是这种现象的生动描写。（图6.48）

由此可见，远古时代歌、舞、乐总是结合在一起的。所以《毛诗序》里说："诗者，志之所之也。在心为志，发言为诗。情动于中而形于言；言之不足，故嗟叹之；嗟叹之不足，

图6.48 原始人歌舞图

故咏歌之；咏歌之不足，不知手之舞之足之蹈之也。"在原始社会的集体活动中，人们通过歌、舞、乐的形式，实现其抒情言志的审美需求。

（2）古歌谣反映了早期人类的生活理想

原始人类对周围世界的认识处于懵懂阶段，他们无法理解自然现象，因此，自然的神秘化就演变为鬼神崇拜。在早期的歌谣中，人们常常借助鬼神的力量来实现对自然的征服。例如《伊耆氏蜡辞》："土，反其宅。水，归其壑！昆虫，毋作；草木，归其泽！"（《礼记·郊特牲》）有些作品则表达了劳动的快乐。例如《弹辞》："断竹、续竹、飞土、逐宍"。还有的作品张扬了自我的创造力。例如《击壤歌》："日出而作，日入而息。凿井而饮，耕田而食。帝力於我何有哉！"

2. 诗歌的发展

（1）《诗经》

《诗经》是我国古代第一部诗歌总集，是我国古典写实主义文学的源头。（图6.49）

图6.49 《诗经》

《诗经》共收入自西周初年至春秋中叶的诗歌305篇。内容涉及周部族的历史、古代农业生活、战争徭役、男女爱情和社会冲突，其中社会冲突、农业生活、男女爱情的篇幅最多，体现了"饥者歌其食，劳者歌其事"，"男女怨恨，相从而歌"（何休《公羊传》注）的写实倾向，具有鲜明的社会批判意识和张扬人文诉求的特点。

《诗经》的体裁"风""雅""颂"及其表现手法"赋""比""兴"合称为"诗经六义"。

"风"即声调。它是周王朝直接统治区域以外15个地区的民间歌谣，用15个地区不同的声调写成。"风"诗按今天的说法就是流行音乐的意思，"十五国风"就是15个地区的流行音乐，是广大老百姓喜闻乐见的歌谣，共160篇。"雅"是王畿之乐，共105篇。周人称"王畿"地区为"夏"，"雅"和"夏"在古代通用。雅又有"正"的意思，因此王畿之乐也是正声。朱熹《诗集传》曰："雅者，正乐之歌也。"周人把正声叫作雅乐，是带有一种尊崇的意味。"颂"是用于宗庙祭祀的乐歌，内容多是歌颂祖先的功业，共40篇。宋代郑樵在《通志序》中说："风土之音曰'风'，朝廷之音曰'雅'，宗庙之音曰'颂'。"

"赋者，敷陈其事而直言之者也。"（朱熹《诗集传》）这是《诗经》中最基本的表现手法，直接叙述，表达自己的感情。"比者，以彼物比此物也。"（朱熹《诗集传》）即比喻、比拟。"兴者，先言他物以引起所咏之词也。"（朱熹《诗集传》）"兴"即烘托、衬托，借助其他事物引发诗歌。它兼有比喻、象征、烘衬等手法。

《诗经》中的优秀民歌及大、小雅中的讽喻诗为我国文学开创了一条写实主义的创作道路。

《诗经》确立了民间文学在文学史上的崇高地位，开创了民间文学淳朴、本色、贴近现实生活的文学传统。

《诗经》开创的朴素而优美的艺术风格（"乐而不淫，哀而不伤"）成为后世文学健康发展的优秀范例，其赋、比、兴的表现手法对后世文学创作产生了深远的影响。尤其是"兴"的艺术表现手法，成为中国古典诗歌代代相传的艺术圭臬，对诗歌艺术气氛的渲染、意境的营造起着重要的作用。

（2）《楚辞》

《楚辞》本是战国时期兴起于楚国的一种诗歌形式，经由汉代刘向、王逸等学者收集整理编成《楚辞》，成为了一种具有浓厚地方色彩的新诗体。它发展了《诗经》的比兴手法，开拓了诗歌的表现形式，是中国最早的浪漫主义诗歌总集。（图6.50）

《楚辞》共收集战国及汉代"骚体"作品17篇，其代表作品是屈原的《离骚》。《离骚》是中国古代诗歌史上第一首由文人独立创作的带有自传性质的抒情诗，也是先秦时期篇幅最长（373句），字数最多（1 490

图6.50　楚辞

字）的诗歌作品。作品抒发了作者的理想抱负和在现实中失意的苦闷彷徨，以及对故国至死不渝的忠诚与热爱，2 000多年来，对中国文人及诗歌创作的影响极大。

《诗经》和《楚辞》分别是先秦北方中原文化和南方楚文化的辉煌结晶，是中国诗歌史上写实主义和浪漫主义的两大源头。

《楚辞》因《离骚》的原因又被称为"骚"，其汪洋恣肆、放浪不羁的抒情传统与《诗经》淳朴自然、含蓄凝重的写实传统成为对后世诗歌创作影响深远的"诗骚传统"。

《楚辞》的出现，标志着中国古典诗歌进入了文人独立创作的时代。

（3）汉赋

赋是源于《诗经》、荀赋的文学样式，它综合了诗和文的特点，是一种铺陈写物的带韵散文。

汉赋产生于战国后期，到了汉代达到鼎盛阶段。汉赋在发展过程中受到了战国后期诸子散文和楚辞的影响，具有辞采华丽、手法夸张的特点。也正由于赋的发展与楚辞有着密切关系，所以汉代往往把辞赋连称。汉代以后，赋继续发展，六朝有骈赋，唐代有律赋，宋代有文赋，但在成就上都没有超过汉赋。

汉赋在题材上分为两类：以歌功颂德为主的大赋和以抒情述志为主的小赋。大赋结构恢宏、气势磅礴、语汇华丽，小赋篇幅较小、文采清丽、抒情咏物。大赋通过对大汉繁荣景象的描写和汉帝国文治武功的赞扬，让后世感受到中华民族对自己创造的物质文明、精神文明的肯定，对现实世界的热爱以及自强不息的民族性格和积极乐观的时代风貌。小赋继承《诗经》《楚辞》言志抒情的传统，对后来的诗歌发展起到了承上启下的作用。

（4）乐府诗

"乐府"原本是古代官府设立的音乐机构。乐府原本是训练乐工、制定乐谱和采集歌词的官府机构。乐是音乐，府是官署。后来人们把由这一音乐机构所收集、编制的乐歌称为"乐府诗"或"乐府歌辞"，也简称"乐府"。

乐府诗是实现生活情感的真实反映。乐府诗的作者来自不同阶层，其作品皆是现实生活中悲喜哀乐的反映。《汉书·艺文志》曰："自孝武立乐府而采歌谣，于是有代赵之讴，秦楚之风，皆感于哀乐，缘事而发，亦可以观风俗，知薄厚云。"社会的贫富差距、人们的爱恨苦乐、对于生死的态度等社会现象在诗中都得到了充分的反映。

　　乐府诗具有丰富的生活内容。其写作范围很广，包括了社会生活的方方面面。其中既有游子思乡之情、男女爱情恩怨，也有对生命无常的感叹等。

　　乐府诗具有出色的艺术表现手法。在叙事手法上，乐府诗具有描写深刻、叙事详尽、情节完整、人物形象具体生动等特点，并出现了符合人物性格并推动情节发展的对白。汉乐府叙事诗的出现，标志着中国古代叙事诗的成熟。

　　诗歌语言形式的进步。汉乐府在《诗经》四言的基础上将句式扩展为五言，形式自由变化、音调和谐、文字活泼，丰富了诗歌的表现容量，开创了五言诗先河。其风格质朴率真、不事雕琢，颇具独特的审美意趣。

　　《古诗十九首》是乐府古诗文人化的显著标志。《古诗十九首》是乐府诗的代表性作品。其最早见于《昭明文选》，由南朝萧统从《古诗》中选录 19 首五言诗编入而成。作者大约是当时的中下层知识分子。其内容包括游子思妇之辞，朋友间的离愁别恨和士人的彷徨失意等。写作手法上长于抒情，语言浅近自然、风格淡远，深刻地再现了下层文人在东汉末年社会动荡时期，理想追求的幻灭，心灵的痛苦的复杂曲折的思想感情。（图 6.51）

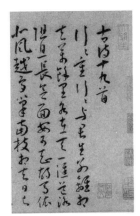

图 6.51　《古诗十九首》

　　《古诗十九首》是汉代诗歌由民间文学过渡到文人创作并呈现繁荣局面的一个重要转折点。汉末文人把目光投向了对个体生存价值的关注，他们与自己生活的社会环境、自然环境建立起广泛而深刻的情感联系。文学的题材涉及诗人的现实生活、精神生活、友谊爱情乃至物候节气等。文学的风格和写作技巧也随之发生巨大的变化。

《古诗十九首》的出现，还标志着文人五言诗的成熟。钟嵘的《诗品》赞颂它是"千古五言之祖"。其崭新的诗歌形式及娴熟的艺术技巧，为五言诗的发展奠定了牢固的基石，对建安诗风产生了重要影响。

（5）五言诗的兴盛和七言诗的确立

汉末建安时期，以汉魏之际曹氏父子、建安七子等为代表的诗人开始了对乐府诗的改造。此时的文坛巨匠"三曹"（曹操、曹丕、曹植）和"七子"（孔融、陈琳、王粲、徐干、阮瑀、应玚、刘桢）在继承了乐府诗现实主义传统的基础上，采用五言形式真实地反映了社会的动乱和人民的苦难，抒发建功立业的理想和积极进取的精神，其俊爽刚健、慷慨悲凉的诗歌风格，在文学史上称为"建安风骨"或"汉魏风骨"。（图6.52）

图6.52 《建安七子集》

建安文学标志着文人诗的兴起。建安文学所取得的辉煌成就，促进了五言诗的兴盛，掀起了中国文学史上第一次文人诗的高潮，从此奠定了文人诗的主导地位。人们开始认识到文学自身的价值和独立的地位。

七言诗的出现。魏晋时期的诗人们对文学的关注也推动了七言诗的发展，而曹丕的《燕歌行》是现存最早的七言诗。梁至隋代，七言诗逐渐增多，到了唐代开始兴盛。

诗歌艺术的多元发展。魏晋南北朝时期社会的动荡不安和诗人们对社会生活的关注使得诗歌不仅在形式上四言、五言、七言、杂言俱备，在题材和内容上也呈现出多元化发展的趋势，出现了玄言诗、山水诗、宫体诗等类型。玄言诗是西晋末年兴起的以阐释老庄和佛教哲理为主要内容的诗歌，特点是"理过其辞，淡乎寡味"。代表作家是孙绰、许询和僧人支遁等。山水诗是描写山水风景的诗，由玄言诗发展而来，第一位山水诗人是谢灵运，而谢朓是齐代著名的山水诗人。

宫体诗是梁陈时期的一种浮华诗体，始于南朝梁简文帝萧纲，其内容多是宫廷生活及男女私情，形式上则追求辞藻靡丽，时称"宫体"，其特点是以艳丽的词句表现宫廷生活，其中也有一些类似文字游戏的咏物诗。宫体诗产生的基础：①齐梁时代诗歌注重形式技巧。周颙发现了汉语四声，沈约将其运用于诗歌声律，创造出讲究平仄（声调高低变化）的"永明体"。②帝王和士族生活更加腐朽，精神也更加空虚。

（6）唐诗

唐代诗歌不仅数量多、题材广，形式多种多样，艺术成就也达到空前绝后的境界，是中国古典诗歌成就的顶峰。唐诗的发展过程大致经历了初唐、盛唐、中唐和晚唐四个阶段，代表性诗歌流派有以王维、孟浩然为首的山水田园诗派，以高适、岑参为首的边塞诗派，以李白为首的浪漫诗派和以杜甫为首的现实诗派。唐代是中国古典诗歌最繁荣的时期。

唐诗是近体诗的形成和繁荣时期。唐诗在继承汉魏民歌、乐府诗的基础上拓展了诗歌艺术的表现内容、表现形式、表现方法，在"永明体"的基础上形成一种新体诗——近体诗。近体诗是绝句和律诗的通称。其句数、字数和平仄、用韵等都有比较严格的规定，所以又叫格律诗。诗人们在题材内容、艺术手段、风格倾向等方面开启了一条创新之路，把中国古典诗歌创作推进到一个空前绝后的高度。

唐诗是中国古典诗歌艺术的高峰。中国古典诗歌发展到唐代，无论是内容题材、表现方法、风格流派、艺术成就，均达到前无古人、后无来者的境界。它既是中国古代诗歌成就的标志，也是后世诗歌创作顶礼膜拜的楷模，成为中国古代文学史上最为辉煌的一页。

唐诗形成了中国古典诗歌创作的重要传统。中国古典诗歌在艺术表现手法上善于将人之情感诉求与物之性状特征统一起来，营造出一种物我为一、情景交融的审美意蕴，给人无限遐想与品味。这种传统从三皇五帝时期"观物取象""立象尽意"的卦象之学始，经过《诗经》的比兴、《楚辞》的喻代、乐府的取譬、魏晋诗歌的托物言志，到唐代形成中国古典诗歌创作最重要的传统——意境营造。所谓意境，即想象中的意味之境，是指在诗歌创作中作者将自己的主观感情物化为具体的景物，读者在欣赏这些景物时，通过景物的昭示，引起丰富的联想与兴致的艺术表现手法。

（7）宋词

词即曲子词，按今天的说法就是曲子的歌词，是一种在宴乐场所配合音乐用以歌唱的诗体，也是在民间广为流行的歌曲形式。词萌发于南朝，晚唐五代趋于成熟，宋代进入鼎盛时期，是宋代标志性的文学样式。早期的词以男女爱情、妇女心理、生活情境为主要内容，风格倾向婉约。到了北宋中叶，苏轼打破了词为艳科的题材领域，以抒情言志、咏史怀古为主，形成了豪放、飘逸风格的豪放词。

词是中国古代文学由精英文化转向世俗文化的开始。中国古代的早期歌谣本来源于世俗生活，是"饥者歌其食""劳者歌其事"的产物，随着文人创作的开始，诗歌创作及欣赏逐渐远离下层民众而成为精英社会的专宠。唐宋时期，都市的发展和市民的壮大使文学发展必须适应这种社会现实。词的兴起正是顺应了这一必然要求。从此以后，中国古典文学从士大夫阶层的雅文学时代进入下里巴人的俗文学时代。唐传奇、宋话本、元曲、小说、戏剧的不断兴起，就是这种转向的证明。

词的兴起，极大地丰富了诗歌创作的内容、题材、形式、艺术表现力，使诗歌创作与现实生活的联系更为密切。

（8）元曲

元曲是元代散曲与杂剧的合称。

散曲从体式上分为"小令"和"散套"。小令又叫"叶儿"，通常以一支曲子为单位，可重复，用韵可互异。散套则由同一宫调若干曲子组成，一韵到底。散曲的曲牌名称也各式各样，如《叨叨令》《喜春来》《红绣鞋》。从这些俚俗的名称我们可以看出，散曲比词更接近民歌。

杂剧最早出现在唐代，泛指歌舞以外诸如杂技等各色节目。到了宋代，在诸宫调基础上发展成为一种新的表演形式。由于这种表演艺术包含了诸多艺术形式，所以叫杂剧。又由于杂剧的主要内容唱腔用散曲写成，所以归入曲这个大类。

元曲是中国古典文学进一步朝向世俗社会的产物。都市的繁荣、市民阶层的壮大为元曲的兴盛提供了社会基础，元代统治者对知识分子的打压、科考制度的废除和知识分子社会地位的下降成为元曲兴盛的重要原因。

元曲无论是内容题材还是表现形式，都更加生活化、世俗化，也更具有社会批判色彩。

3. 诗学理论

诗歌是美的，是人的人文情感和审美诉求的产物。诗歌因何而生，人们历来有不同看法。中国古代关于诗歌产生的原因，有以下几种代表性的说法。

（1）言志说

古人认为诗歌是作者思想感情、理想抱负等内在志向的表达和抒发。《尚 书·尧典》记载，尧帝命夔典乐，就告诉他"诗言志，歌咏言，声依咏，律和声"，只有"八音克谐，无相夺伦"，才能"神人以和"。所以，《诗大序》将诗歌的产生解释为"诗者，志之所之也，在心为志，发言为诗，情动于中而形于言，言之不足，故嗟叹之，嗟叹之不足，故咏歌之，咏歌之不足，不知手之舞之足之蹈之也。"言志说是中国古代诗论的源头，影响了中国诗人的文化取向，在先秦两汉时期占有主导地位。屈原的《离骚》便是言志说的典型代表。

（2）抒情说

抒情说源于屈原在《楚辞·惜诵》中的"发愤以抒情"。人们根据这一说法，认为诗歌是人的必须宣泄的内在情感的产物。这种思想是对"言志说"的继承，同时又吸收了儒家学说的思想，也称为"发愤说"。所谓"发愤"，是指作者在社会生活中遭遇了不幸，抑郁不得志，因此发愤而作诗。这实际上也是说诗是对不合理的社会现实的义愤和批判的产物。

（3）缘情说

缘情说最早由陆机在《文赋》中提出来："诗缘情而绮靡，赋体物而浏亮。"他认为诗歌是"吟咏情性"的产物，它"再现"的是内在的"情性"，是一种"物我合一"语境中的情感流露与审美表达。"志"与"情"的区别：前者是怀抱与志向，带有明显的意识形态诉求特点；后前是情感与愿景，带有鲜明的审美追求倾向。因此，两者涉及的焦点问题是诗歌的表现方式和价值取向：人文诉求是直白还是含蓄？价值取向是社会批判重要还是审美追求重要？缘情说是对"言志说"的挑战，也是中国文人审美意识的进步和提高。

（二）古典小说

1. 古典小说的起源

古代神话、先秦两汉寓言故事及史传文学是古典小说的源头。

（1）神话传说

在远古时代，人们对自然现象的认识极其幼稚，无法解释自然对自身的侵害。因此，只能通过幻想创造出人格化的鬼神形象，凭借其法力去征服自然，实现战胜自然的生活愿望。神话传说由此产生。中国古代神话传说主要记载于《山海经》《穆天子传》《列仙传》《神仙传》等文献中。这些神话传说已具有清晰的叙事轮廓、完整的故事结构和鲜明的人物形象，激发了后人的想象，并在形式上对后来的志怪小说产生了影响。

（2）寓言故事

寓言是通过讲述一个短小的故事来表达自己的观点、阐明一定道理的文体。寓言注重故事的生动、情节的完整、语言的准确有趣，这些特点对后来的小说具有明显影响。先秦寓言故事有不少成为后来小说的题材来源。

（3）史传文学

史传文学是指《左传》《史记》一类纪传体历史著作。纪传体历史著作通过对在历史事件中起重要作用的人物的记载来揭示历史事件与人物活动的因果关系。由于重在写人，纪传体历史著作注重人物的性格描写、历史事件的场景描写、人物活动的细节描写，此方法正是后来小说艺术的主要表现方法。之所以被人们称作史传文学，也就是用文学的手法写就的历史著作。史传文学对后来小说的艺术表现影响巨大。

2. 古典小说的发展

（1）魏晋南北朝的文言志怪、志人小说标志着中国古典小说的正式登台

晋代出现了志怪（讲述离奇古怪事件）和志人（记载名士风流）的小说。志怪小说的代表是干宝的《搜神记》，志人小说的代表是刘义庆的《世说新语》。前者描写的主要内容是传说中的奇闻异事，后者描写的主要内容是现实中的名人雅趣。（图6.53）

图6.53 《搜神记》

志怪、志人小说是区别于神话传说、寓言故事和史传文学的崭新的叙事性文学形式；神话传说是口头艺术，叙事简单，缺乏细节描写；寓言故事是对哲学理念的诠释；史传文学是历史文献。志怪、志人小说则是文人撰写的供人消遣娱乐的文学样式。

志怪、志人小说已具备小说的基本要素：故事性强、情节完整、叙事富有悬念、注重细节描写。

志怪、志人小说为后来的小说创作积累了经验。唐传奇就是在志怪、志人小说的基础上发展起来的。后世有不少人续作和仿作《世说新语》，如唐朝王方庆的《续世说新书》（已佚），孔平仲的《续世说》，明朝何良俊的《何氏语林》，清朝吴肃公的《明语林》等。

（2）唐传奇标志着中国古典小说开始进入成熟阶段

唐代的社会安定使农业和工商业都得到了长足的发展，经济的繁荣和市民

社会的发展使人们开始追求更丰富的精神生活。为了适应这种社会需要，在民间"说话"艺术的基础上产生了一种以史传笔法写奇闻异事的文言短篇小说，后人称为"唐传奇"。唐传奇是先秦神话和史传文学、魏晋南北朝志怪和志人小说的发展，内容除部分记述神灵鬼怪外，大量记载人间世态，生活气息浓厚。代表作品有李朝威的《柳毅传书》（图6.54）、元稹的《莺莺传》、白行简的《李娃传》等。

图 6.54 　《柳毅传书》

唐传奇的出现意味着市民文学开始兴起。它已超出了记录传闻逸事的范畴，成为文人有意识的创作，并推动了宋代话本的产生，成为后世文言短篇小说的主要形式。

唐传奇中的一些题材和人物被后来的话本和戏剧创作吸收，其写作技巧也对后世文学产生了较大的影响。

（3）宋代话本小说标志着中国古典小说进入白话文时代

话本是宋代兴起的白话小说，用通俗文字写成，多以历史故事和当时社会生活为题材，是宋元说话（讲故事）艺人讲古文所用的底本。

宋代都市经济的发展带来了市民阶层的壮大，市民阶层的壮大催生了消遣娱乐场所的涌现，消费娱乐场所的涌现改变了传统的文学审美行为，文学审美行为的变化使文学的自我调节功能必须对审美消费市场作出相应调整。这样，形式通俗易懂、内容贴近世俗、具有较强娱乐性的杂剧、诸宫调、"说话"艺术和各种民间伎艺应运而生、蓬勃发展。"说话"是在娱乐场所讲故事的艺术形式，而"说话"艺人讲故事的脚本和文字稿则简称"话本"，一般以通俗的白话文写作。"话本"的出现，标志着中国古典小说进入了一个崭新的阶段。到南宋时话本分为小说、说经、讲史和合生四类。

小说又称"银字儿"，专讲短篇故事，题材非常广泛，举凡爱情、公案、神怪以及历史故事等，几乎无所不包。

讲史，专说历史故事，其篇幅比小说话本长，是中国长篇小说的开端，如《大唐三藏取经诗话》《武王伐纣平话》《三国志平话》等。

说经，专讲宗教故事。

合生，也作"合笙"，可能是两人演出，近似于现代的相声。由于无话本传世，现无从确知其演出形式与作品内容。

"小说"是话本中最受群众欢迎的一类。"小说"的题材多从现实生活中汲取，形式短小精悍、内容通俗易懂。话本小说的流行导致了古典文学创作的转向，下层劳动人民的生活开始成为文学关注的焦点。

唐传奇和早期的唐代话本中虽有俗语，但仍以浅近的文言文为主。宋话本为适应市民的特点，采用了通俗易懂的白话语言，使小说创作更趋世俗化、平民化。

为了吸引更多的听众，话本小说注重故事情节的曲折丰富，追求环境描写、细节生动，对人物心理描写的细腻和对人物性格的刻画。在艺术成就上有了飞跃。

（4）明清长篇小说的出现，意味着中国古典小说进入鼎盛时期

明清是中国古典小说的鼎盛时期。小说不仅数量多，艺术和思想上的成就也是前代小说无法比肩的。明清短篇小说的代表是冯梦龙的"三言"（《喻世明言》《警世通言》《醒世恒言》）和凌蒙初的"二拍"（《初刻拍案惊奇》《二刻拍案惊奇》）。明清也是中国古典长篇小说诞生和成熟的时期，涌现了《三国演义》《水浒传》《西游记》《金瓶梅》《儒林外史》和《红楼梦》六部著名的长篇小说。其中前四部被称为明四部奇书，后两部是清代长篇小说中的典型代表。

《三国演义》是中国第一部长篇章回体历史演义小说，作品的最终完成者是明初小说家罗贯中。小说描写了从东汉末年到西晋初年间近100年的历史故事，反映了三国时代错综复杂的政治、军事、外交斗争，塑造了一批叱咤风云的英雄人物。

《水浒传》是一部英雄传奇小说。它以农民起义为题材，描写了北宋末年以

宋江为首的一百零八位好汉在梁山起义、造反，最后接受招安的故事。小说深刻揭示了官逼民反的社会冲突，讴歌了农民起义的英雄主义，批判了统治阶级的腐朽，歌颂了传统文化中的"忠义"精神。《水浒传》是中国古代第一部用白话文写成的长篇小说。

《西游记》是一部魔幻题材的长篇小说。作品在唐代僧人玄奘去印度取经的真实事件基础上，经过众多民间艺人长期的艺术加工和吴承恩的优化整理，将世俗世相、佛教理念、人民诉求相结合，塑造了孙悟空、猪八戒、沙和尚、唐僧等形象鲜明、个性突出的人物形象，成为妇孺皆知、人人喜爱的古典长篇小说。

《金瓶梅》是我国第一部由文人独创的率先以市井人物与世俗风情为描写题材的长篇小说。作品以西门庆的家庭生活为线索，广泛展示了明代中叶的社会现实和世俗生活。它的诞生，标志着中国古代长篇小说集体加工模式的终结、长篇小说创作回归现实社会生活的开始和文人独立创作长篇小说时代的到来。

《儒林外史》是清代吴敬梓以知识分子为对象，批判科举制度的一部讽刺小说。作品揭露了科举制度禁锢人的思想、毒害人的心灵的本质，其讽刺艺术对中国后来的小说创作具有重要影响。

《红楼梦》是我国古代伟大的写实主义长篇小说，也是世界文学经典巨著之一。作品以金陵贾、史、王、薛四大家族为背景，以贾宝玉、林黛玉的爱情悲剧为主线，以日常生活为表现内容，塑造了众多个性鲜明、呼之欲出的人物形象，描写了荣、宁二府由盛到衰的过程，展示了世事变幻、人生无常的宿命，具有鲜明的佛老思想。全书在艺术上取得极高的审美成就，在思想上达到前所未有的审视高峰，是中国古典小说的丰碑性作品。（图6.55）

明清小说的繁荣，是市场经济发展、社会审美观念变化的客观反映。新的社会语境需要新的文学内容和形式，

图 6.55 《红楼梦》插图

审美受众角色的变化也对审美形式提出了新的要求，印刷技术的提高为小说的广泛传播与普及提供了可能的条件。这样，贴近市民的审美需要、反映世俗生活、适应社会经济技术发展的小说也就蓬勃发展起来。

明清小说的繁荣，标志着中国古典文学精英时代的结束和大众时代的到来。小说是明清的主流文学形式，其产生基础是世俗生活与大众审美情趣。小说的昌盛，意味着汉唐以来的以文人情感和个性诉求为主要内容的士大夫文学的退场，以世俗情感、大众诉求为主要内容的平民文学的兴起，从而改变了古典文学发展的走向。

明清小说是中国古典小说的最高成就。明清小说不仅数量多，艺术成就也是前代小说作品无法超越的，其中一些名篇几乎家喻户晓、耳熟能详；小说的题材内容比前代作品更为丰富广泛，几乎涉及社会生活的方方面面；形式也多种多样，不仅有大量璀璨夺目的短篇小说"三言""二拍"是其代表，也有鸿篇巨制的章回体长篇小说，还有风格更加生活化的笔记体小说；小说的语言也更加通俗化、生活化，更加贴近世俗生活。总的说来，明清小说开创了中国古典小说创作的鼎盛时期，使文学的审美价值和社会批判功能得到极大的彰显，代表了中国古典小说创作的最高成就。

3. 古典小说的特点

中国古典小说兴起的主要原因是大众审美的需要，通俗性、娱乐性是中国古典小说在艺术上的两大基本特色。由于要迎合大众消遣娱乐的需求，中国古典小说注重小说的故事性、传奇性、悬念性，追求故事线索的复杂、细节描写的生动、人物性格的鲜明，讲究叙事的完整与跌宕，具有鲜明的"说话"艺术的特点。同时，受正统文学的影响，好用诗句点题或衔接。

中国古典小说形成的土壤在民间，人民性和世俗价值取向是其思想特征。中国古典小说的创作队伍主要是民间艺人，尽管各个时期均有文人介入，但其创作素材常常是有民间渊源的。因此，中国古典小说在思想特征上带有鲜明的人民性和世俗价值取向，是中国古代社会中下层人们生活愿望、价值立场、理想追求的集中反映。渴望公平正义，宣扬因果报应，体现弃恶扬善是中国古典小说的基本思想内容。无论是魏晋志怪小说、唐传奇、宋元话本，还是明清小说，都带有这种鲜明的思想特征。

（三）古典戏曲

1. 古典戏曲萌芽于巫觋、源于俳优

在远古时期，祭祀活动是重要的社会活动，与人们的生存行为密切相连。主持祭祀活动的人员叫"巫觋"，女巫为"巫"，男巫为"觋"。巫觋在祭祀活动中需要表演性的动作，这种表演性的动作是中国古典戏曲的萌芽。

周代出现了由贵族豢养专供娱乐的职业艺人"优"，也称为"俳"或"俳优"。"俳优侏儒，固人主之所与燕也"（《韩非子·难三》）。"俳优"的工作就是讲笑话或做一些滑稽的表演，"献笑不及俳"（《庄子·大宗师》）。后来，人们把"俳优"的表演称为"俳优"："优者，戏名也；今之散乐戏，为可笑之语则令人之笑，则也。"（《左·襄廿八年传正义》）"俳优"的表演传统成为中国古典戏曲的重要源头。

音乐、舞蹈的发展也为戏曲的产生提供了条件。从《诗经》的"颂"到《楚辞》的"九歌"，从汉魏以竞技为主的百戏到唐代的歌舞小戏"踏摇娘"，这些具有演艺性特征的艺术形式都是戏曲形成的元素。

2. 宋代是古典戏曲趋于成熟的时代

宋代戏曲的标志是南戏。南戏，发源于温州，又称温州杂剧、永嘉杂剧。南戏是在宋代杂剧的基础上，结合南方民间小调发展起来的曲牌体戏曲，其音乐丰富而自然，在演唱形式上已有独唱、对唱、合唱等多种形式。传世的南戏剧本较少，有《张协状元》《荆钗记》《刘知远白兔记》《拜月亭》《杀狗记》等。

3.元代是中国古典戏的成熟与繁荣时期

元杂剧又称北杂剧、北曲、元曲，是在金院本和诸宫调的直接影响之下，融合各种表演艺术形式而成的一种完整的戏剧形式；同时，在唐宋以来话本、词曲、讲唱文学的基础上创造了成熟的文学剧本。

杂剧一般分为四折，四折之外又可以加两个"楔子"。剧本由对白、唱词、动作三个部分构成，三者交相配合，从而推动剧情的发展、刻画人物的性格。其形式特征：一人主唱，曲白相生，角色分工（旦、末、净、杂）。以追求虚实相生、情景交融、蕴涵丰富为最高艺术目的。王国维在《宋元戏曲考·元剧之文章》里说："元曲之佳处何在？一言以蔽之，曰：'自然'而已矣。古今之大文学，无不以'自然'胜，而莫著于元曲。"

图 6.56　戏剧旦角扮相

元代杰出的剧作家们写出了大量的优秀作品，如关汉卿的《窦娥冤》《望江亭》《拜月亭》《西蜀梦》，马致远的《汉宫秋》，郑光祖的《倩女离魂》，王实甫的《西厢记》等。

元杂剧兴盛的原因如下。

（1）经济文化的发展孕育出元杂剧的兴盛

元代结束了五代以来的分裂局面，经济有所复苏，商品经济和海外贸易较繁荣，社会文化需求日益增长。在这样的背景下，为城市居民提供娱乐活动的"勾栏""瓦舍"大量出现，为元杂剧的兴盛提供了物质基础。

（2）社会格局的变化促进了元杂剧的繁荣

元代统治者废除了自隋代开始的科举制，知识分子仕途无望，社会地位落入底层，备受歧视。"门第卑微""职位不振"的现实促使一些人只能投身"勾栏""瓦舍"谋求生路。知识分子的积极参与为元杂剧的兴盛提供了创作保障。

（3）社会矛盾的激化推动了元杂剧的发展

元代统治者上台后暴力治国，实行种族歧视，将人分四等：蒙古人、色目人（外国人）、汉人、南人，汉人尤其是南人地位低下、备受歧视、生活窘困。由此带来社会矛盾激化、人民不满情绪增长。人们不敢以公开的方式反抗统治者，只能以委婉、曲折的方式表述不满。这样，元杂剧就成为人民发泄愤懑、张扬情绪的载体。因此，社会矛盾也是推动元杂剧繁荣的重要原因。

4. 明传奇

明传奇是明代戏曲的主体，由宋元南戏发展而来，是以南曲演唱为主的中长篇戏曲。其代表作有李开先《宝剑记》、梁辰鱼《浣纱记》、王世贞《鸣凤记》等，其中成就最大的是汤显祖的《牡丹亭》。作品通过对杜丽娘和柳梦梅死生离合故事的演绎，肯定了人们对封建礼教的反抗，对幸福爱情的追求，对个性解放的向往。（图 6.57）

图 6.57 杜丽娘扮相

明传奇与元杂剧的区别如下。

①元杂剧一般是一折四出。明传奇不称折为"出"，一个剧本大都 30 出，常分上、下两部。

②元杂剧一个角色唱到底。明传奇各种角色都可唱，可独唱、合唱、对唱、轮唱等。

③元杂剧每折一个宫调，一韵到底，只用北曲。明传奇可以换韵，兼用南北曲。

④明传奇角色增多，分工更细致。

5. 京剧

明清时期，政治上的专制导致文字狱的出现，杂剧与传奇渐渐没落，而民间贴近百姓生活的地方戏却因拥有大量观众而逐渐兴盛起来。京剧就是在清代地方戏高度繁荣的基础上产生的。它以徽调和汉戏为基础，吸收了昆曲、秦腔等戏曲特点，融合了一些民间曲调逐步发展成独立的戏曲形式。京剧因产生、流行在京城而得名。

作为一种综合性的艺术表现形式，京剧的表现手法包括"唱、念、做、打"。

"唱"指歌唱，"念"指具有音乐性的念白，"做"指舞蹈化的形体动作，"打"指武打和翻跌的技艺。

京剧由于受到清朝宫廷的宠爱和支持，出现了一批杰出的京剧表演艺术家，他们创作出了大量优秀的作品。不久京剧向全国发展，将中国的戏曲艺术推进到一个新的高度。

6. 中国古典戏曲的艺术特点

（1）程式化

古典戏曲在长期的表演实践中，形成了独具中国审美特色的程式化特点。也就是按照概念化、类型化、模式化的方式来设计角色分类、服装造型、唱腔设计以及表演动作，使中国古代戏曲具有独特的表演美。

（2）虚拟化

中国古典戏曲与西方话剧不同，其舞台表演不是对日常生活行为的再现，而是对生活行为进行选择、提炼、概括、夸张和美化，形成高度虚拟化的表演动作来进行舞台表演，使舞台艺术更具诗意美。

（3）写意化

中国古典戏曲不追求复杂的舞台布景、逼真的动作表演和日常化的对话语言，追求的是象征性的生活场景、程式化的表演手段和具有独特审美性的唱念方式。在艺术取向上追求写意与象征，营造出浓郁的审美意趣和丰富的想象空间。

单元互动

1. 为什么说书法是书家人文情感的蕴涵与张扬？
2. 简述隶书的产生及其影响。
3. 简述书法的意境美。

第六章　中国古典艺术

4. 说说你对"写意"艺术表现手法的认识。

5. 简述散点透视在中国画中的作用。

6. 简述宋代山水画的特点。

7. 原始时期，音乐与人类的活动有着什么样的关系？

8. 简述《诗经》对后世的影响。

9. 简述古典小说发展历程。

10. 简述唐传奇产生的原因。

11. 简述中国古典戏曲的艺术特点。

第七章
中国古代科技

中国是一个文明古国，也是一个文化大国。我们的祖先在创造出灿烂的人文成就的同时，也取得了科学技术的丰硕成果。下面，我们从农业，天文历法，医学，数、理、化，工艺技术等方面对中国古代科技成就作一个大致的介绍。

一、农业

作为人类农业的起源中心之一，我国农业在漫长的历史中形成了独特的生产结构、地区分布和技术体系，在农艺水平、生产面积、产量等方面居于古代世界的前列，其技术成就对人类农业生产的发展产生了巨大的影响。

考古资料证明，在距今七八千年前我国已有相当发达的原始农业。例如，距今八九千年前的贾湖文明，就是我国农业文明的实证，其文化遗址不仅发现了水稻化石，还发现了大量农具。这说明在距今一万年前，我们的祖先已开始从事农业生产。相关情况请参阅本教材第二章内容。传说中的农业起源于神农——"包牺氏没，神农氏作，斫木为耜，揉木为耒，耒耨之利，以教天下"（《周易·系辞下传》），"神农作，树五谷淇山之阳，九州之民乃知谷食，而天下化之"（《管子》）只是臆断而非真实。

1. 不断发展的种植制度、技术体系和农具

由于自然地理条件的差异，各地区农业的构成类型和耕作方法也不一样。在7 000多年前，黄河流域中游和长江流域下游的原始种植业已开始趋向于两种不同类型的发展，即北方黄河流域为种粟类作物的旱地农业，南方长江流域则为种稻类作物的水田农业。

四五千年前，黄河、长江流域，甚至包括珠江流域部分地区的氏族部落已较普遍地形成了以原始种植业为主，兼营家畜饲养和采集渔猎的综合经济。从各地出土的考古资料来看，"六畜"——狗、猪、牛、羊、马、鸡俱全，而石制与骨制的箭头和矛、石弹丸、鱼叉、网坠、木桨等渔猎工具，以及榛、栗、松、栎、朴树的果壳和螺蛳壳、蚌壳等，又说明渔猎和采集经济在人们生活中仍占有相当重要的地位。这一时期还出现了长久性住房和大规模村落定居遗址，住房周围窖穴的数量比以前更多，容积也增大了，反映出定居的农业生活已相当发达。

夏、商、西周时代，黄河流域大部分地区和长江流域一些地区经历了耕作区日益扩大，把游牧业进一步挤向北部、西北部边远地区和山区的过程。这个时期，我国的农具已有了明显的进步：一是开始出现了中耕除草的农具；二是利用金属(青铜)做农具。青铜农具磨损以后仍可回炉再铸，而且较之木制农具，具有轻巧、锋利的优点，对提高劳动效率起了重大作用。因此，青铜农具的出现和使用，是商周时代劳动工具明显进步的标志之一。对于严重威胁农业生产的杂草和害虫，在这个历史时期已初步找到了解决的方法，这就是草长锄除、虫生火烧。中耕除草农具有钱、镈等。大田生产技术，在夏商西周时期有了显著的进步。在土壤耕作方面，最突出的表现就是垄作的产生。

春秋、战国时期，中国社会发生重大变革，农业生产的发展也进入了一个新的历史时期。铁器开始广泛使用，牛耕逐渐推广，荒地得到大量开垦，数口之家自给自足的小农经济出现，社会生产力有很大提高。牛耕的使用还使人从笨重的

耕地劳动中解放出来，这是农业技术史上使用动力的一次革命。与此同时，为了解决农业的灌溉问题，大型的农田水利工程也得到了大力兴建，如漳水渠、郑国渠、都江堰等。井水在这一时期也被利用起来。为了提高提取井水的工效，创造了利用杠杆原理以减轻劳动强度的提水工具"桔槔"。在长期的生产实践中，人们还发现除草后杂草烂在地里、"火耕"后草木灰留在地里，都可以使庄稼繁茂，收获增加，从而渐渐总结出给庄稼施肥是一种增加产量的有效方法，自此引导我国农业生产走上了施肥的道路。

战国时期，战争频繁，军事和生产都需要大量跑得快、挽力大的良马和良牛，马、牛等家畜的创伤和疾病也需要治疗。因此，相畜术和兽医技术在这一阶段得到发展。

秦和两汉是种植业迅速发展的时期。为解决这个时期作为全国经济重心的黄河流域干旱少雨的情况，发展农业生产，政府曾在这一带大兴水利工程。然而，这只能解决部分地区的灌溉问题，无法从根本上改变整个黄河流域的自然缺陷。这就促使人们从耕作上研究适应黄河流域自然特点的耕作技术，如代田、区田等耕作法，在农业生产上创造穗选法、留种田、绿肥轮作制、嫁接、温室、天敌治虫等技术，发明了耧车、翻车等农机具。这些创造与发明，在当时居于世界先进地位。

东汉末至三国、两晋、南北朝时期，长江以南、五岭以北广大地区和巴蜀因为长期远离战乱，逐渐取代农耕遭到严重破坏的黄河流域发展成为比较重要的农耕区。特别是江南地区，水利工程的兴修，北方一些先进技术的传入，以及人口、劳动力的增加，农业生产水平开始赶上一再遭到破坏的黄河中下游地区。东北辽河流域和西北河西走廊的种植业也得到了较快的发展。西南少数民族聚居地区，特别是云南，种植业开始得到稳定的发展。

隋、唐、宋、元时期是南方水田农业技术的发展时期。隋文帝杨坚统一全国后，使南方的农业生产迅速发展起来。唐中期玄宗天宝年间以后，长江下游一带已成为全国的主要产粮区，农业区的重心已开始由黄河流域转移到长江流域。

南宋时期，我国的农耕重心已明显地由北方转移到了南方。北方劳动人民第二次大批南迁，和南方农民一起进一步开发了江南，农田面积不断增加。棉花栽培区迅速扩大，越过南岭和东南丘陵地区而向长江和淮河流域推进。汉魏时期创造出来的翻车，到了宋代已基本普及，翻车不但用于灌溉，还用于排涝。到元代，翻车又有了发展，出现了牛转翻车、水转翻车，畜力和水力被运用到提水灌溉上，水田生产工具也得到了改进与创新。唐代，在气候温暖的地方，稻麦二熟。到了宋代，稻麦二熟制便在长江流域发展起来。稻麦二熟制的形成，是我国耕作技术史上的一个重大进步。园艺业在这一时期亦得到了迅速的发展。据《齐民要术》记载，北魏时期，我国果树的种类有 34 种，蔬菜的种类有 31 种。到宋代，果树的种类增至 70 种，约增加了 120%；蔬菜的种类增至 39 种，约增加 26%。

这一时期园艺栽培中的重大特点便是专业户的出现，如唐代已有以栽培柑橘为业的"橘籍"，宋代出现了以种花为职业的花户和接花工。而且唐宋时期，我国的农学相当发达，问世农书之多，为以往所未有。就其内容来说，不少农书研究的问题都具有开创的性质。在这些农书中，比较重要的，要推宋代陈旉的《农书》和元代王祯的《农书》。

明清是我国传统农业技术的深入发展与继续提高时期，在栽培技术和田间管理技术上都有很多创新。水稻这时已跃居粮食作物的首位，小麦成了北方的主粮，甘薯、玉米等已成为举足轻重的粮食作物。耕作制度在这一时期也获得了飞速发展，在北方黄河流域形成了二年三熟制和三年四熟制，在南方长江流域形成了多种形式的一年二熟制，在闽江和珠江流域则形成了一年三熟制。而且从明代中期起，原产美洲新大陆的玉米、甘薯、烟草、花生等作物，相继进入我国，我国农作物的结构从此发生了新的变化。

纵观我国农业发展历程，始终保持着精耕细作的优良传统。由于创造了一整套精耕细作的农艺技术，我国的粮食产量达到了古代世界最高的单产水平。我国农业的另一个重要特点就是，在几千年的农业历史中，虽然经历了无数次大大小小天灾人祸的考验，但始终没有出现过由于技术指导上的错误而引起的重大失败，在有文字记载的4 000年来，农业文化稳定而没有中断过。

2. 与时俱进的水利工程

水利是农业的命脉。几千年来，中华民族在社会发展过程中，同江河湖海进行了艰苦卓绝的斗争，修建了无数大大小小的水利工程，有力地促进了农业生产；同时，水文知识也得到了相应的发展。我国的传统水利按照建设的规模和技术特点，大致可以分为三期。

大禹治水至秦汉，这是防洪治河、运河和各种类型的灌排水工程的建立和兴盛时期。这一时期诞生了芍陂、邗沟、鸿沟、都江堰、郑国渠等影响至今的水利工程。位于四川省都江堰市（原灌县）境内的都江堰，是岷江上的大型引水枢纽工程，也是世界上现有的历史最长的无坝引水工程（图7.1）。始建于秦昭王末年（公元前256—前251年），由秦蜀守李冰主持兴建。工程以灌溉为主，兼有防洪、

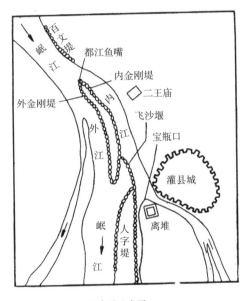

图7.1 都江堰工程布置示意图

水运、城市供水等多种功能，成都平原因此富庶，被冠以"天府之国"的美称。郑国渠兴建于秦始皇元年（公元前246年），由韩国水工郑国主持兴建，十年后完工。干渠西起泾阳，引泾水向东，下游入洛水，全长300余里，灌溉面积号称四万顷。由于泾水含有大量肥沃的淤泥，灌溉时还可改良盐碱地，故使产量提高到每亩一种（六石四斗）。郑国渠的建成，直接支撑了秦国统一六国的战争。

三国至唐宋，是传统水利高度发展时期。创建于唐代浙江鄞县的它山堰是当

时著名灌区之一，隔断了顺鄞江逆上的海潮，积蓄上游淡水，达到"御咸蓄淡"、引水灌田和向城市供水的目的。内河航运是古代实现政治统一、经济发展和文化交流的主要交通运输方式，建成的有沟通黄河和海河、北抵涿郡（治蓟城，今北京）的永济渠，沟通黄河和淮河的通济渠。

元、明、清是水利建设普及和传统水利的总结时期。水利工程以沟通南北的京杭大运河的兴建而显赫史册。明清以来大批有关水利工程技术、治河防洪的专著陆续问世。各地的地方志大多设置了水利专业志。现存的古代水利文献大多是这一时期编纂的。

3. 丰富的农学著作

在长期的农业生产实践中，我国古代人民创作出了大量的农学典籍，涉及农业的方方面面。

现存最早的农学专著是《氾胜之书》，由西汉农学家氾胜之编著。书中总结了黄河流域汉族劳动人民的农业生产经验，记述了耕作原则和作物栽培技术，对促进中国农业生产的发展产生了深远影响。"区田法"首次出现便是在《氾胜之书》中。这是一种园艺式的精耕细作高产的耕作技术，把耕地分为上、中、下农区三种类型，通过深耕、勤浇、精管，使农作物获得高产。区田法的推广和运用，大大提高了关中地区农作物单位面积产量。一直到清朝时，农学家杨屾在关中地区依然提倡这种耕作方法，甚至中华人民共和国成立后的陕北地区，农民还保留着氾胜之当年推行的区田耕作法。

《齐民要术》是北魏农学家贾思勰所著的一部综合性农学著作。是世界农学史上最早的专著之一，也是中国现存的最完整的农书。书名中的"齐民"，指平民百姓，"要术"指谋生方法。其内容系统地总结了6世纪以前黄河中下游地区农牧业生产经验、食品的加工与储藏、野生植物的利用等。自《齐民要术》问世后，引起历代政府重视，唐、宋以来出现的不少农书均受其影响。

由唐代著名的茶学专家陆羽所著的《茶经》是中国乃至世界现存最早、最完整、最全面介绍茶的一部专著，被誉为"茶叶百科全书"。此书是一部关于茶叶生产的历史、源流、现状、生产技术以及饮茶技艺、茶道原理的综合性论著，它不仅是一部精辟的农学著作，还是一本阐述茶文化的书。它将普通茶事升格为文化艺能，推动了中国茶文化的发展。

《农政全书》成书于明朝万历年间，基本上概括了中国古代农业生产和人民生活的各个方面，而其中更贯穿着作者徐光启的治国治民的"农政"思想。在书中有大量开垦、水利、荒政等不同于其他大型农书的内容，对历代备荒的议论、政策作了综述，水旱虫灾作了统计，对救灾措施及其利弊作了分析，最后附草木野菜可资充饥的植物 414 种。

《天工开物》初刊于明崇祯十年（1637 年），作者是明朝科学家宋应星。这是世界上第一部关于农业和手工业生产的综合性著作，全书三卷十八篇，收录了农业、手工业，诸如机械、砖瓦、陶瓷、硫黄、烛、纸、兵器、火药、纺织、染色、制盐、采煤、榨油等生产技术，外国学者称它为"中国 17 世纪的工艺百科全书"。宋应星在书中强调人类要和自然相协调、人力要与自然力相配合，是中国科技史料中内容最为丰富的一部。它更多地着眼于手工业，反映了中国明代末年出现资本主义萌芽时期的生产力状况。

二、天文历法

1. 天象观察

我国是一个具有悠久历史的农业大国，农业生产对自然的依赖性很强，这决定了我们的先祖很早就开始观察自然现象，总结自然规律并把这些规律作为对农业的指导。因此，古代中国是人类天文历法文化最为发达的国家之一。我国迄今仍拥有世界上最早最完整的天象记载。无论是对太阳、月亮、行星、彗星、新星、恒星，还是日食和月食、太阳黑子、日珥、流星雨等罕见天象，都观察仔细、记录精确、描述详尽，其水平之高，达到使今人惊讶的程度。这些记载至今仍具有很高的科学价值。

世界天文史学界公认，我国公元前 240 年的彗星记载，是世界上最早的哈雷彗星记录。从那时起到 1986 年，哈雷彗星共回归了 30 次，我国都有记录。早在 2 000 多年前的先秦时期，我们的祖先就已经对各种形态的彗星进行了精细入微的观测，不仅画出了三尾彗、四尾彗，还似乎窥视到今天用大望远镜也很难见到的彗核。1973 年，我国考古工作者在湖南长沙马王堆的一座汉朝古墓内发现了一幅精致的彗星图，图上除彗星之外，还绘有云、气、月掩星和恒星。天文史学家对这幅古图作了考释研究后，命名为《天文气象杂占》，并认为这是迄今发现的世界上最古老的彗星图。（图 7.2）

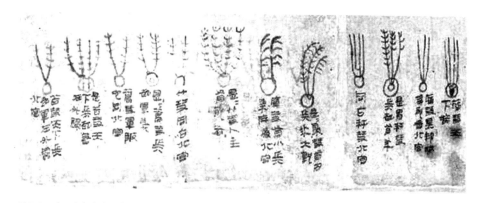

图 7.2 《天文气象杂占》彗星图

2. 天文仪器

精确的天文观测需要有精密的天文仪器，因此我国古代在创制天文仪器方面也有杰出贡献，创造性地设计和制造了许多种精巧的观察和测量仪器。

我国最古老、最简单的天文仪器是土圭，也叫圭表。它是用来度量日影长短的，发明于何时已无从考证。它由垂直的表（一般高八尺）和水平的圭组成。圭表的主要功能是测定冬至日所在，进而确定回归年长度。此外，通过观测表影的变化，可确定方向和节气。在现存的河南登封观星台上，40 尺的高台和 128 尺长的量天

尺也是一个巨大的圭表。（图7.3）

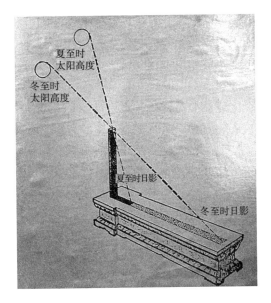

图7.3　圭表工作原理图

西汉的落下闳改制了浑仪，这种我国古代测量天体位置的主要仪器，几乎历代都有改进。最初，浑仪的结构很简单，只有三个圆环和一根金属轴。最外面的那个圆环固定在正南北方向上，称为"子午环"；中间固定着的圆环平行于地球赤道面，称为"赤道环"；最里面的圆环可以绕金属轴旋转，称为"赤经环"；赤经环与金属轴相交于两点，一点指向北天极，另一点指向南天极。在赤经环面上装着一根望筒，可以绕赤经环中心转动，用望筒对准某颗星星，然后，根据赤道环和赤经环上的刻度来确定该星在天空中的位置。后来，古人为了便于观测太阳、行星和月球等天体，在浑仪内又添置了几个圆环，也就是说环内再套环，使浑仪成为多种用途的天文观测仪器。

东汉的张衡（图7.4）创制了世界上第一架利用水力作为动力的浑象，能够用来直观、形象地了解日、月、星辰的相对位置和运动规律，这种后来被称为"天体仪"的仪器可以说是现代天球仪的雏形。北京古观象台上安置的天体仪，是我国现存最早的天体仪，制于清康熙年间，重3 850千克。（图7.5）天体仪的主要组成部分是一个空心铜球，球面上刻有纵横交错的网格，用于量度天体的具体位置；球面上凸出的小圆点代表天上的亮星，它们严格地按照亮星之间的相互位置标刻。整个铜球可以绕一根金属轴转动，转动一周代表一个昼夜，球面与金属轴相交于两点：北天极和南天极。两个极点的指尖，固定在一个南北正立着的大圆环上，大圆环垂直地嵌入水平大圈的两个缺口内，下面四根雕有龙头的立柱支撑着水平大圈，托着整个天体仪。利用浑象，无论是白天还是阴天的夜晚，人们都可以随时了解当时应该出现在天空的星空图案。

图 7.4　张衡

图 7.5　北京古观象台——浑象

【148】

图 7.6　地震仪

张衡还发明了最早的地震仪，称为候风地动仪，以精铜铸造而成。（图 7.6）圆径达八尺，外形像个酒樽，机关装在樽内；外面按东、西、南、北、东北、东南、西南、西北八个方位各设置一条龙，每条龙嘴里含有一个小铜球。地上对准龙嘴各蹲着一个铜蛤蟆，昂头张口，当任何一个方位的地方发生了较强的地震时，传来的地震波会使樽内相应的机关发生变动，从而触动龙头的杠杆，使处在那个方位的龙嘴张开，龙嘴里含着的小铜球自然落到地上的蛤蟆嘴里，发出"铛铛"的响声，这样观测人员就知道什么时间、什么方位发生了地震。当时利用这架仪器成功测报了西部地区发生的一次地震，比西方国家用仪器记录地震的历史早了 1 000 年。

宋代苏颂、韩公廉等人设计制造了水运仪象台,它分为三部分,把观测天象的浑仪、演示天象的浑象和报时装置巧妙地结合在一起。最上层是一个可以开闭屋顶的木屋,里面放置一架铜制浑仪,用来观测天象;中间部分是一间密室,放置浑象,可以随时演示天象;最下面的报时装置,在台的南面可以看到五层木阁,每一层木阁里都有报时的小木人,它们各司其职,根据不同的时刻,轮流出来报时。它的一套动力装置"可能是欧洲中世纪天文钟的直接祖先"。

元代的郭守敬先后创制和改进了 10 多种天文仪器,如简仪、高表、仰仪等。简仪是将结构繁复的唐宋浑仪加以革新简化而成,包括相互独立的赤道装置和地平装置,以地球环绕太阳公转一周的时间 365.25 日分度。简仪的创制,是中国天文仪器制造史上的一大飞跃,是当时世界上的一项先进技术。欧洲直到 300 多年之后的 1598 年,才由丹麦天文学家第谷发明与之类似的装置。

3. 历法编制

中国是世界上最早发明历法的国家之一,历法的出现对中国经济、文化的发展有着巨大的影响。

据《尚书·尧典》记载,在传说中的尧帝时,乃命羲和兄弟分别观测鸟、火、虚、昴四颗恒星在黄昏时正处于南中天的日子,来定出春分、夏至、秋分和冬至,以作为划分一年四季的标准。而且还采用了"期三百有旬有六日,以闰月定四时成岁"的方法。这是中国古代应用阴阳历的初始历法的最早记载,据研究,与此四种星相符合的年代应在公元前 2000 年左右。

《夏小正》为中国现存最早的科学文献之一,也是中国现存最早的一部农事历书,原为《大戴礼记》中的第 47 篇。《夏小正》原文收入《大戴礼记》中,在唐宋时期散佚(而《大戴礼记》亦有一半同时散佚)。现存的《夏小正》为宋朝傅嵩卿著《夏小正传》,把当时所藏的两个版本《夏小正》文稿汇集而成。因原稿散佚与成型之问题,成稿年代争论很大,但一般认为最迟成书在春秋时期。据《史记·夏本纪》载:"太史公曰:孔子正夏时,学者多传《夏小正》云。"

故人们认为是孔丘及其门生考察后所记载下的农事历书，所收录之有关夏朝的也多是物候等文化讯息。书中除二月、十一与十二月外，每月载有确定季节的星象（主要是拱极星象与黄道星象）以指导务农生产，另外也有记载当月植物之生长形态、动物之活动习性与祭祀。《夏小正》成书虽在周代晚期，但内容却源于夏代，有学者认为，《夏小正》可能就是夏代的历法。由于《夏小正》的内容涉及星象与历法，故对古代天象与先秦历法研究也有相当重要的参考价值。（图 7.7）

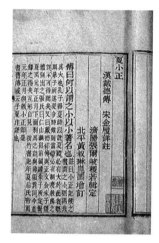

图 7.7　《夏小正》

古六历是我国最早的历法，制定于春秋战国和秦朝，包括《黄帝历》《颛顼历》《夏历》《殷历》《周历》《鲁历》六种历法，其特点是以 365+1/4 日（分母中有 4，故又称为四分历）为一回归年，29+499/940 日（29.530851 日）为一朔望月，19 年 7 闰。六历的不同主要在于"历元"（年的起算点）、施行地区和所用的岁首。

元代郭守敬所制《授时历》，采用 365.2425 作为一个回归年的长度，比意大利天文学家格里高利历早 300 年。

我国古代的历法不仅仅是年月日的安排，还包括日月五星位置的推算、日月食的预报、节气的安排等。二十四节气是我国劳动人民的独创，由此可见我国古代的生产和科学的发展水平是很高的。

三、医　学

中医中药在几千年的历史长河中，对我国民族的繁衍昌盛和世界医学的发展都作出过巨大的贡献。且比之中国古代科学的其他分支，中国医药学拥有自己的理论、方法和内容，形成一个完善的科学体系，至今仍有强大的生命力。

1. 自成一派的医学理论

成书于战国至秦汉时期的《黄帝
内经》是中医发展的基础。作为我国最
早的一部重要医学文献，它总结了秦汉
战国及春秋以前许多医家的经验和医学
成就，体现了周秦时代的医学特点，确
立了中医学独特的理论体系。（图7.8）

在医学理论方面，中医药学把人

图 7.8 《黄帝内经》

体看作自然界整体的一部分，把人体放在自然界整体运动和广阔的动态平衡之中
来进行研究。在其病理学说中，非常重视疾病与人体自身精神状态、生活状态以
及外部环境，特别是气候变化的关系。

2. 独特的看病与治疗方法

脉诊是中医药学上一项独特的诊断方法。尽管中国古代脉诊是建立在经验基
础上的，但却是有着科学依据的。现代医学表明，脉搏是循环机能的综合表现，
脉象因循环系统的情况改变而不同。而且，由于循环系统与身体各内脏都有关联，
组织代谢的任何变化，都会给血液循环带来一定影响；机体的重要疾病变化，都
会在不同程度上影响循环系统的功能。脉诊的应用表明，中国古代的医生已掌握
了脉象与身体各部分的关系的知识，亦即关于心脏、血液与血管的关系、血流速
度与人体健康的关系、呼吸和脉搏频率的关系等解剖生理学的知识。据《史记》
记载，战国时的扁鹊已能通过脉诊确定病人的病情，然后对症下药，反映当时已
掌握脉诊的方法。而且中国的脉诊很早就传到国外，除邻近的日本、朝鲜等国外，
大约在 10 世纪时已传至阿拉伯，17 世纪时传至欧洲，对世界医学的发展有着一
定的影响。

针灸是在经络学说的理论基础上发展而成的一种治疗方法，为我国独创。其特点是在病人身体的一定部位用针刺入，或用火的温热烧灼局部位置，以达到治病的目的。这一疗法大约起源于新石器时代，古人在那时就有了用砭石治病的经验，以后发展为针灸。周代以后，逐渐成为一项专门的治疗方法。

3.影响至今的医学典籍

在古人大量医学实践的基础上，我国于东汉时完成了第一部药学著作——《神农本草经》。这本书现虽已失传，但其丰富的内容仍被保留在以后历代编修的本草书录中，并被列为我国医学四大经典著作之一。这部药学经典，较欧洲可与之媲美的药学书至少要早1 600年。

明朝医学家李时珍以毕生精力，亲历实践，广收博采，对几千年来的中药学进行了全面的整理总结，编撰了《本草纲目》。（图7.9）此书载有药物1 892种，其中载有新药374种，收集药方11 096个。书中还绘制了1 160幅精美的插图，约190万字，分为16部、60类。该书不仅汇集了以往各药学著作的精华，也对过去某些药

图7.9　李时珍

书记述错误及不真实的数据和结论作了一些纠正和批判。据悉，16世纪的欧洲，尚无能称为植物学的著作，直至1657年波兰人用拉丁文译出本书后，才推动了欧洲植物学的发展。在《本草纲目》成书后近两百年，林纳（18世纪瑞典科学家，近代西方生物学奠基人）才达到相同的水平。由于《本草纲目》的辉煌成就，该书被称誉为"东方医学巨典"，先后被译成多种外文出版，是研究植物学、动物学和矿物学的重要参考数据。李时珍也被列为世界著名科学家之一。

四、杰出的数、理、化成就

1. 数学

中国古代数学萌芽于原始公社末期，历史悠久，成就辉煌，既有系统的理论，又有丰硕的成果。

仰韶文化时期出土的陶器，上面已刻有表示"1234"的符号。到原始公社末期，已开始用文字符号取代结绳记事。据《史记·夏本纪》记载，夏禹治水时已使用了规、矩、准、绳等作图与测量工具。公元前1世纪的《周髀算经》是流传至今的最早的一部数学著作，同时也是一部天文学著作。其中提到西周初期用矩测量高、深、广、远的方法，并举出勾股形的勾三、股四、弦五以及环矩可以为圆等例子。这比欧洲最早提出勾股定理的毕达哥拉斯要早300多年。

春秋战国时期，筹算已得到普遍的应用，筹算记数法也已使用十进位制，这种记数法对世界数学的发展是有划时代意义的。这个时期的测量数学在生产上有了广泛应用，在数学上亦有相应的提高。

秦汉时期，中国数学体系正式形成，它的主要标志是算术已成为一个专门的学科以及以《九章算术》为代表的数学著作的出现。《九章算术》是战国、秦、汉时期数学发展的总结，就其数学成就来说，堪称世界数学名著。例如，分数四则运算、开平方与开立方、各种面积和体积公式、线性方程组解法、正负数运算的加减法则、勾股形解法（特别是勾股定理和求勾股数的方法）等。它形成了一个以筹算为中心，与古希腊数学完全不同的独立体系。而且强调数学的应用性，偏重于与当时生产生活密切相关的数学问题及其解法。

南北朝的祖冲之父子在刘徽注《九章算术》的基础上，把传统数学大大向前推进了一步，计算出圆周率在3.1415926 ~ 3.1415927；提出祖暅原理和二次与三次方程的解法等。这些工作，使中国在圆周率计算方面，比西方领先1 000年之多。（图7.10）

中国数学不脱离社会生活与生产的实际，以解决实际问题为目标，数学研究是围绕建立算法与提高计算技术而展开的，属于应用数学。另外，传统数学还被儒学家作为培养人的道德与技能的基本知识，与哲学等古代学术思想一起，起着"通神明、顺性命，经世务、类万物"的作用，具有较强的社会性。同时，中国传统数学教育与研究往往被封建政府所控制，历代数学家通常都是政府的天文官员。

图 7.10　祖冲之

2. 物理

可以说，在漫长的古代社会，中国的古代物理学一直处于世界领先地位，只是到了明清时期，由于欧洲近代物理学的兴起，中国古代物理学才被抛在后面。

先秦时期的伟大哲学家墨翟（图 7.11）（约公元前468—前 376 年）及其墨家学派（公元前 4 世纪—前 3 世纪）在他们的论著《墨经》中记述了大量的物理知识，这是春秋战国时期物理学成就最大的学派，也是世界上最早的物理学基本理论著作。书中最早提出杠杆原理和浮力原理，比阿基米德浮力定律早 200 年，是我国古典哲学和自然科学著作中不可多得的瑰宝。

图 7.11　墨翟

北宋科学家沈括的《梦溪笔谈》被英国科学史家李约瑟称为"中国科技史上的坐标"，书中涉及力学、光学、磁学、声学等各个领域。（图 7.12）在光学方面，沈括通过观察实验，对小孔成像、凹面镜成像、凹凸镜的放大和缩小等作了通俗生动的论述。他对中国古代传下来的所谓"透光镜"（一种在背面能看到正面图案花

图 7.12　沈括

纹的铜镜）的透光原因也作了一些比较科学的解释，推
动了后来对"透光镜"的研究。此外，沈括还剪纸人在
琴上做过实验，研究声学上的共振现象。沈括还最早发
现了地理南北极与地磁场的 N、S 极并不重合，所以水
平放置的磁针指向跟地理的正南北方向之间有一个很小
的偏角，被称为磁偏角。

图 7.13　司南

中国是世界上公认发明指南针的国家。虽然它产生于宋代，但其前身司南（图
7.13）早在战国时就已经出现。指南针的发明是我国劳动人民在长期的实践中对
物体磁性认识的结果。由于生产劳动，人们接触了磁铁矿，开始了对磁性质的了解。
人们首先发现了磁石吸引铁的性质，后来又发现了磁石的指向性。经过多方面的
实验和研究，终于发明了实用的指南针。

3. 化学

古代中国人民在化学领域中也曾有过广泛的开拓，虽然当时没有形成独立的
学科，但也产生了不少意义重大的创造发明。

造纸是一项重要的化学工艺。东汉元兴元年（公元 105 年）蔡伦改进了造纸术。
他用树皮、麻头及敝布、渔网等植物原料，经过挫、捣、抄、烘等工艺制造的纸，
是现代纸的最初形式。这种纸，原料容易找到，又很便宜，质量也得到提高，逐
渐普遍使用。为纪念蔡伦的功绩，后人把这种纸叫作"蔡侯纸"。

"汉代造纸工艺流程图"形象地再现了两汉时
期的造纸术。将麻头、破布等原料经水浸、切碎、
洗涤、蒸煮、漂洗、春捣、加水，配成悬浮的浆液。
再捞取纸浆，干燥后即成为纸张。（图 7.14）

火药的研究始于战国时代的炼丹术。古人为求
长生不老而炼制丹药，炼丹术的目的和动机都是荒
谬和可笑的，但它的实验方法还是有可取之处，最

图 7.14　汉朝造纸工艺流程图

图 7.15　炼丹图

后导致了火药的发明。黑色火药在晚唐（9世纪末）时期正式出现。元代，火药经阿拉伯人传入欧洲。火药的发明大大推进了历史发展的进程，是欧洲文艺复兴的重要动力。（图 7.15）

中国是瓷器的故乡，瓷器制作工艺的发明与发展从侧面反映了古代中国人丰富的化学知识。中国人在科学技术上的成就以及对美的追求与塑造，在许多方面都是通过陶瓷制作来体现的，并形成各时代非常典型的技术与艺术的代表。

瓷器从陶器发展而来，最早见于郑州二里头商代遗址。商代发明了釉，出现了"原始瓷"。（图 7.16）

【156】

图 7.16　酒器

图 7.17　汝窑天青釉水仙盘

早期瓷器以青瓷为主，于东汉时期出现。隋唐时代，发展成青瓷、白瓷等以单色釉为主的两大瓷系，并产生刻花、划花、印花、贴花、剔花、透雕镂孔等瓷器花纹装饰技巧。至宋代时，名瓷名窑已遍及大半个中国，是瓷业最为繁荣的时期。当时的汝窑、官窑、哥窑、钧窑和定窑并称为宋代五大名窑。被称为瓷都的江西景德镇在元代出产的青花瓷已成为瓷器的代表。

汝窑：宋代五大名瓷之首，在汝州境内（今河南临汝）故名。汝窑以青瓷最为精致。汝窑青瓷的胎质细密，呈深浅不同的"香灰色"。开片是汝窑的一个重要特点，无纹片的很少。纹片深浅长短交错排列，密而不乱。汝窑的工匠甚至以名贵的玛瑙入釉，烧成了具有"青如天，面如玉，蝉翼纹，晨星稀，芝麻支钉釉

满足"为典型特色的汝瓷。汝窑造型以盘、碟、洗为多，其中椭圆四足盆是汝窑的特有造型。（图 7.17）

官窑：宋徽宗政和年间在京师汴梁建造，由官府直接经营，专烧宫廷用瓷器，窑址至今没有发现。官窑主要烧制青瓷，大观年间，釉色以月色、粉青、大绿三种颜色最为流行。官瓷胎体较厚，天青色釉略带粉红颜色，釉面开大纹片。这是因胎、釉受热后膨胀系数不同产生的效果。瓷器足部无釉，烧成后是铁黑色，口部釉薄，微显胎骨，即通常所说的"紫口铁足"。这是北宋官窑瓷器的典型特征。北宋官窑瓷器传世很少，十分珍稀名贵。（图 7.18）

图 7.18　官窑贯耳瓶　　　　　图 7.19　哥窑小梅瓶

哥窑：相传宋代龙泉（今温州、武夷山一带）章氏兄弟各主窑事，哥者称哥窑。哥窑瓷器的显著特点是通体满布开片，纹片大小基本相同，大片呈铁黑色，小片呈金黄色，有"金丝铁线"之称。（图 7.19）

钧窑：在钧州境内（今河南禹县），故名。钧窑胎质细腻，釉色华丽夺目，种类之多不胜枚举：有玫瑰紫、海棠红、茄子紫、天蓝、胭脂、朱砂、火红，还有窑变。器型以碗盘为多，但以花盆最为出色。（图 7.20）

定窑：窑址在定州境内（今河北曲阳涧磁燕山村），故名定窑。定窑原为民窑，北宋中后期开始烧造宫廷用瓷。定窑以出产白瓷著称，胎薄而轻，质地坚硬，色泽洁白，不太透明，《归潜志》上说"定州花瓷瓯，颜色天下白"。（图 7.21）

现在著名瓷器产地有江西景德镇，以青花瓷、青花玲珑瓷、颜色釉瓷和粉彩

图 7.20　钧窑玫瑰紫蓝釉鼓钉水仙盆　　　　图 7.21　定州白瓷孩儿

瓷闻名。河北唐山、山西长治、广州石湾都能采用传统工艺及现代化技术设备，烧制各种各色瓷器。

　　瓷器的发明是中华民族对世界文明的伟大贡献，在一定程度上改变了各民族的生活方式和价值观念。

五、发达的工艺技术

1. 纺织

图 7.22　长沙马王堆出土的汉代古襄邑素纱禅衣

　　中国古代纺织品采用麻、丝、毛、棉的纤维为原料，纺绩（纺纱、缉绩、缫丝）加工成纱线后，经编织（挑织）和机织而成的布帛，通常称为纺织品。不同时期的纺织品是衡量人类进步和文明发达的标准之一。中国早在新石器时代就已经掌握了纺织技术。（图 7.22）

　　古代世界各国用于纺织的纤维均为天然纤维，一般是毛、麻、棉三种短纤维，如地中海地区以前用于纺织的纤维仅是羊毛和亚麻；印度半岛地区以前则用棉花。古代中国除了使用这三种纤维外，还大量利用长纤维蚕丝。中国古代的丝麻纺织技术已达到相当高的水平，在世界上享有盛名。古罗马帝国最早是通过"丝绸之路"上丝织品的传播，称中国为"丝绸之国"的。

黄帝之妻嫘祖相传为养蚕治丝的创造者。丝绸的使用至少不迟于良渚文化，在良渚文化遗址出土的绢片、丝带和丝线，是中国远古时代最重要的家蚕丝织物。起初中国严密控制着丝绸织造业和养蚕业的技术，严禁外传。韩国人在公元前200年获得养蚕技术，西域和田河流域与印度约在公元前4世纪掌握丝绸技术，罗马帝国则在公元550年左右才得到蚕种并发展养蚕技术。传说几位为东罗马帝国皇帝工作的僧侣将蚕种放在中空的手杖中，私自从中国带出，并辗转到达君士坦丁堡。

中国机具纺织起源于5 000年前新石器时期的纺轮和腰机。西周时期具有传统性能的简单机械缫车、纺车、织机相继出现，汉代广泛使用提花机、斜织机，唐以后中国纺织机械日趋完善，大大促进了纺织业的发展。宋元之际，黄道婆将手摇式纺车改为脚踏式纺车，极大地提高了纺织技术。（图7.23）

图 7.23　黄道婆

图 7.24　商代牛形铜觥

2. 冶炼

中国古代的冶炼技术也十分发达。尽管中国不是世界上最早出现冶炼技术的国家，但冶炼技术堪称一流。商代的后母戊大方鼎、牛形铜觥等器物在冶炼工艺上代表了史前人类冶炼技术的最高水平。（图7.24）

夏代始中国已开始出现青铜器，"禹穴之时，以铜为兵"（《越绝书》）。商中期，青铜器品种已很丰富，并出现了铭文和精细的花纹。商晚期至西周早期，是青铜器发展的鼎盛时期，器型多种多样、浑厚凝重，铭文逐渐加长、花纹繁缛富丽。随后，青铜器胎体开始变薄，纹饰逐渐简化。春秋晚期至战国，由于铁器的推广使用，铜制工具越来越少，逐渐被铁器工具所替代。

铁器的普及使用，标志着新的生产工具的形成。战国中期以后，铁器已取代铜器成为主要的生产工具。《管子·海王篇》说"一女必有一针一刀""耕者必有一耒一耜一铫""不尔而成事者，天下无有"。正是铁器的普遍应用，才极大地推动了社会的生产发展，造就了战国时期经济繁荣、百家争鸣的昌盛局面。邯郸等地以冶铁致富，并设有专门管理冶铁的"铁官"，专门经营炼铁的"铁商"。

两汉兴起了"百炼钢"技术，其特点是增加了反复加热锻打的次数，这样既可加工成型，又使夹杂物减少，使材质细化和均匀化，大大提供了钢的质量。西汉中期又出现了炒钢，即将生铁炒到半液体半固体状态并进行搅拌，利用铁矿物或空气中的氧进行脱碳，借以达到需要的含碳量。再反复热锻，打成钢制品。炒钢的发明打破了先前生铁不能转为熟铁的界限。

汉代发明了比欧洲早 1 200 多年的水力鼓风设备"水排"。唐宋时期实现了农具从铸制改为锻制这一具有重大意义的历史性转变。

总之，在 18 世纪中叶工业革命之前，中国冶铁工业的生产规模和技术水平与当时的英、法等国相比毫不逊色，各领风骚。

3.印刷术

印刷术发明之前，文化的传播主要靠手抄的书籍。手抄费时、费事，又容易错抄、漏抄，既阻碍了文化的发展，又给文化传播带来不应有的损失。中国的印刷术经过雕版印刷和活字印刷两个阶段的发展，给人类文明史的发展献上了一份厚礼。

印章和石刻给印刷术提供了直接的经验性启示，用纸在石碑上墨拓的方法，直接为雕版印刷指明了方向。拓片是印刷技术产生的重要条件之一。古人发现，在石碑上盖一张微微湿润的纸，用软槌轻打，使纸陷入碑面文字凹下处，待纸干后再用布包上棉花，蘸上墨汁，在纸上轻轻拍打，纸面上就会留下黑地白字跟石碑一模一样的字迹。这样的方法比手抄简便、可靠。于是，拓印就出现了。印染技术对雕版印刷也有很大的启示作用。印染是在木板上刻出花纹图案，用染料印在布上。纸发明后，这种技术就可以用于印刷，只要把布改成纸，把染料改成墨，印出来的东西，就成为雕版印刷品了。

北宋时期（11世纪左右），毕昇（图7.25）发明了活字印刷术。活字制版避免了雕版的不足，只要事先准备好足够的单个活字，就可随时拼版，大大地加快了制版时间。活字版印完后，可以拆版，活字可重复使用，且活字比雕版占用的空间小，容易存储和保管。这样，活字的优越性就表现出来了。这是印刷业的一次革命，

图7.25　毕昇

对中国、欧洲，乃至世界文化发展有着深远影响。特别是传入欧洲后，有力推动了文艺复兴和宗教改革的进行。

六、近代中国科技落后的原因

（一）价值传统的影响

科学界一般认为，功利主义是近代科学技术得以产生和发展的必要社会条件。中国古代的功利思想主要表现为对人文学科世俗价值的追求。周代以来人文学科的繁荣奠定了其在世俗社会的价值地位，隋代开始的科举考试助推了这种价值取向的极端化发展。先秦时期，学术的发展是均衡的，所谓"诸子百家"其实涵盖了人文科学与自然科学的诸多方面，官学提倡的"六艺"（礼、乐、射、御、书、数）也要求学子对知识与技能的全面掌握，即《周礼·保氏》所说的"养国子以道，乃教之六艺：一曰五礼，二曰六乐，三曰五射，四曰五驭，五曰六书，六曰九数"。而科举考试的内容与人文科学密切相联系，自然科学被边缘化。知识分子要追求仕途与功名，实现人生志向与理想，必须精通经、史、子、集。因而，知识分子多热衷于人文学科，普遍不关心自然科学，缺乏对自然界客观事物的兴趣，由此形成整个社会重文轻理的价值取向。在中国古代哲学理念中，将自然规律称作"道"，将人对自然规律的顺应称作"德"。所以，庄子讲："通于天地

第七章　中国古代科技

者，德也；行于万物者，道也。"（《庄子·天地》）人生长于天地间，最重要的就是尊重自然规律，顺天应道，才能合理生存。尊重规律、实事求是是对的，也是中国传统文化的精髓所在，遗憾的是，这种观念在后来的演变中被不断放大。及至于道德至上成为整个社会备受推崇的价值取向，而与功用利好相联系的科学技术则被忽略与挤压。价值传统的畸形发展使中国古代人文科学与自然科学的发展严重失调，这是造成近代中国科技落后的主要原因之一。

（二）思维传统的影响

价值传统决定思维传统，有着人文至上价值传统的中国古代社会在学术思维立场上，更加注重天人合一的哲学思维和审美路径的形象思维，使之在思考问题时善于采用整体、系统、顿悟、联想的方法，而不是精细、解剖、逻辑、推理的方法。中国人的思维模式是以直觉、体验、类比、感悟为主，感性强、理性弱，这些思维特点与科学思维的实证性、逻辑性特点是格格不入的，它极大地阻碍了科学的发展。我们的古人记录了哈雷彗星30次，但没人总结它的运行规律，最终让英国人哈雷获得了此项发现权；我们早就有类似于血液循环的观察，但没有上升为理论，最终是英国人哈维奠定了理论基础。思维传统的人文化特点，也带来了近代科学技术的凋敝，成为近代中国科技落后的原因之一。

单元互动

1. 我国古代农业有哪些世界之最？

2. 背诵天干地支及二十四节气。

3. 中医被指为"没有经过现代科学方法验证，具有极大的不确定性"，是否应该就此退出历史舞台？

4. 陶瓷除了实用价值，还有哪些值得我们研究、学习、保存的意义？

5. 简述丝绸之路的历史意义。

6. 简述四大发明对世界的影响。

7. 试分析近代中国科技落后的原因。

第八章
中国传统习俗

一、传统习俗及其形成

（一）传统习俗释义

传统是人类的生存行为经由历史凝聚，传承下来的稳定的社会价值形态和文明形态，在传统的价值形态和文明形态影响下形成的社会风尚和生活模式就是习俗。因此，传统习俗是人们在长期的社会生活中逐渐形成，经由历史积淀沿袭下来的稳定的社会风尚和生活模式。习俗是传统在社会生活层面上的映射和反映，它包括物质文化生活，如衣、食、住、行习俗，生产、交易习俗；也包括社会文化生活，如家庭、亲族结构，婚丧礼仪习俗；还包括传统的思维方式、心理习惯，如民间信仰，岁时节日习俗以及语言特征、游艺竞技习俗等诸多内容。

（二）传统习俗形成的原因

传统习俗形成的原因是多方面的，大体有地域、经济、政治、宗教四个方面的因素。

1.地域的原因

有一条共性规律，就是生产力水平越低，人类受地理环境的制约就越大；反之，生产力水平越高，受地理环境的制约就越小。古老社会的生产力水平低下，对环境的依赖性很大，因此，古老的习俗首先是受到自然环境的影响而形成的。古人说："千里不同风，百里不同俗。"不同的地域、不同的地理环境，会产生不同的生产生活方式，自然也会形成不同的习俗。

2.经济的原因

经济基础决定上层建筑。习俗作为一种文化，属于社会的上层建筑，就必然受到经济基础，即社会生产力发展的影响和制约。例如，生产力不发达时，人们崇拜山神、树神、水神等；如今在现代化都市，代之而起的是对财神的崇拜。

3.政治的原因

某些习俗是统治阶级思想的渗透与衍化。当人类进入阶级社会，习俗不可避免地受到阶级和政治的影响。统治阶级为达到政治目的，巩固其统治，常常通过各种手段改变原有的习俗，并引导创造出一些新的习俗，以适应自己的需要。

4.宗教的原因

现实生活中，许多习俗的产生、发展、演变，都是与宗教相关联的。随着宗教意识的产生，宗教的某些教义和仪式逐渐演变为习俗的内容。许多传统节日，如元宵节、清明节、端午节、腊八节等都源于古代的祭祀活动。

（三）习俗的基本特征

习俗是人类文化在社会生活层面上的映射和反映，不同的国家和民族都有自己不同的习俗，但它们都具备以下共同特征。

1.集体性和模式性

习俗是一个民族或一个社会群体在长期的社会实践中形成并发展起来的，它的形成是集体性的，而习俗的传承与发展也是需要集体的行为来完成的。因此，集体性是习俗在产生、流传、发展中表现出来的最基本的特征，这也是习俗的本质特征。

模式性是指习俗的内容和形式方面的彼此相似性。正因为习俗由集体民众创造、传承和完善，是集体行为的结果，所以习俗一般缺少个性，而表现为一种类型、模式。

2. 传承性与传播性

习俗的传承性是指习俗在时间上的纵向延续过程，它是习俗的历时性传播，体现了习俗的历史发展。当某一习俗产生并为社会群体所认可、接受，就相对固定下来，被群体成员不断地重复并一代一代地承袭，经久不衰。

习俗的传播性是指习俗在空间上的横向传播过程，它是习俗的共时性传播，体现了习俗的空间伸展。习俗的传播方式主要有两种：其一，民族迁徙。这种情况一般发生在非常时期，如战争、灾荒等原因，迫使一个民族的人群发生大规模的迁徙，习俗也随着迁移和迁入地的习俗产生交融，逐渐形成一种新的习俗。其二，交互影响。在各民族、各地域生活比较稳定的情况下，习俗会随着不同地域、不同民族间的相互往来而向外扩散。如自改革开放以来，西餐文化及肯德基、麦当劳等西方饮食传入中国后，迅速被中国民众所接受并在一定程度上改变了"80后""90后"人群的饮食习惯。

3. 民族性和地域性

民族性是习俗的基本特征，每个民族都有其特殊的习俗。不同的民族，其历史、服饰、饮食、住宅、语言都各不相同，习俗也往往呈现出种种差异。我国是一个由 56 个民族组成的多民族国家，习俗的民族特性在我国体现得尤为明显。

地域性是习俗在空间上表现出来的特点。民众居住的环境，由于地域的分隔，有着明显的殊风异俗，表现出浓厚的地方色彩和浓厚的乡土气息。如我国饮食的八大菜系，就带有非常明显的地方特色。

4.稳定性和变异性

习俗一旦形成，就会随着人们生产、生活方式的稳定而相对固定下来，世代相因相习，具有相对稳定的特性。一般而言，一个国家、地区的自然环境、社会制度、生产方式、生活方式是较为稳定的，由此产生的习俗也会相应稳定。如我国的传统节日，春节、清明节、中秋节至今已流传了上千年。

习俗具有稳定性，同时也具有变异性。随着社会的发展变化，习俗也在不断地发展、演变。变异实际上是习俗的自身调整，正因为它以演变适应了社会发展，它才得以流传下来。从这一意义上讲，变异是习俗传承和发展的内在动力。

稳定与变异的关系：稳定是变异的基础，变异是稳定的优化。

（四）习俗的社会功能

习俗的功能是指它在人们社会生活中的作用。习俗能千百年地延续传承，也是因为它的功能性所在。总体来看，习俗具有如下功能。

1.教化功能

习俗对人们具有教育和指导的作用。人是具有社会属性的，人生活在社会中，会受到各种习俗和文化事象的感染和熏陶。习俗的教化作用是潜移默化的，它是人们行为模式形成的主要原因。

2.规范功能

习俗对社会成员的行为方式具有约束作用，它是起源最早的一种社会规范。习俗不同于法律以刑罚为实施保障，而是借助人们的良知、道德等内心意识和社会舆论、社会公理来实现对社会成员的约束。习俗就像一只无形的手，无声无息地支配和调节着人们的行动。

3.维系功能

习俗能统一人们的思想和行为，保持社会的向心力和凝聚力，维持和巩固社会的稳定。习俗使人们产生一种共同的认同心理，形成相同或相似的思维方式、价值观念和社会准则，进而形成一种强烈的凝聚力，使社会成为一个稳定的共同体。

4.娱乐功能

习俗中的各种娱乐活动，能使社会成员产生快乐、愉悦的心情。广大民众在生活中的紧张和压力需要通过娱乐来进行调节。习俗中的娱乐活动，能使人们在劳累后得到放松、休息，起到精神调剂的作用。

（五）中国传统节日

节日是指在一年之中的某个相对阶段或特定的日子，在人们的生活中形成的具有纪念意义或民俗意义的社会性活动并由此所传承下来的各种民俗事象。中国是文化大国，也是一个有着丰富传统节日的国家，其主要传统节日有以下几个。

1.春节

春节是汉族最隆重盛大的节日。春节的历史可以追溯到四千多年前的舜帝时期，其产生原因可能与古代的腊祭有关。农历正月初一为春节，旧时俗称"年"，因此，过春节又叫"过年"。年不仅指新年第一天，也包括前一年的最后一天——除日，即"大年

图8.1 春节

三十"，其夜称为"除夕"。过年期间，人们有贴春联、吃年饭、拜年、守夜、放鞭炮、祭神等习俗。（图8.1）

2.元宵节

正月十五为元宵节，宵是指夜，元宵节即元月的夜庆节，主要活动是夜晚放灯。元宵节又称"上元节""元夕节""灯节"。节庆活动有吃汤圆、观彩灯、猜灯谜、踩高跷、舞龙、舞狮子等。

3. 清明节

阳历四月五日（有的年份为四月四日）为清明节。清明节的来历在民间流传中与春秋时期介子推的故事有关，其实应该是古代的农事节日。清明节的前一两天是寒食节，由于两个节日相近，逐渐合二为一。因此，在清明期间，本有禁火寒食的习俗。但明清以来，就已被淡忘。现在清明

图 8.2　清明节

节的传统活动主要是上坟扫墓、祭奠祖先、插柳戴柳。清明时节春回大地，正是郊游的好时光，踏青春游、放风筝也成为传统习俗。（图 8.2）

4. 端午节

农历五月初五为端午节，又称"端阳节""重午""端五"等。端午的来源民间有很多种说法，以纪念屈原的说法流传最广。其实，和前面讲到的春节、清明节一样，端午节也应该是来源于古

图 8.3　端午节

代的农事活动。端午这天的节日活动有吃粽子、赛龙舟、洗端午澡、躲午、插艾蒿、挂菖蒲、饮雄黄酒等。（图 8.3）

5. 七夕节

农历七月初七为"七夕节"，又称"七巧节"或"乞巧节"，是地道的中国情人节。七夕节来源于流传千古的牛郎织女的爱情故事。这一天，姑娘、媳妇们要穿针引线乞巧，向织女乞求智慧、

图 8.4　七夕节

灵巧。此外，还有拜七姐、拜床母、迎仙等祭拜活动。（图 8.4）

6. 中秋节

农历八月十五为中秋节，因在秋季三月之中，故称"中秋"，又因八月仲秋

之名，也称"仲秋节"。中秋赏月的传统来源于春秋时期帝王的祭月、拜月活动，在民间成为一个节日应该兴起于唐初，宋时盛行，是汉族仅次于春节的第二大传统节日。中国人将月圆视为团圆的象征，中秋之夜，人们合家团坐，一边赏月，一边品食月饼，祈愿家人团圆，生活美满。

7. 重阳节

农历九月初九，二九相重，称为"重九"。古代以九为阳数，故称"重阳"，重阳节又名"登高节""菊花节"。重阳节的来历与先秦时期人们在秋收以后的祭天、祭祖活动有关，是一个感恩的节日。

图 8.5　重阳节

重阳节的节庆活动有登高、赏菊、喝菊花酒、吃重阳糕、插茱萸等。从 1988 年起，中国政府将重阳节定为老人节。（图 8.5）

（六）中国传统习俗

1. 传统服饰

关于服饰习俗的解释，最早比较流行的是"遮羞布"的理论，以现存原始部落无论男女皆用树叶或草等物遮蔽自身性器官为证。但古老民俗对性的崇拜，是对人类自身再生产的原始信仰，只有加强保护的动机，没有引起羞耻的可能。因此，服饰的保护作用才是第一的。

服饰由最初的遮身蔽体之物发展到今天，经历了巨大的变化。最初的服饰以遮身蔽体、防寒御暑为主要目的，服饰间的差异性很小。之后，服饰以适应生产需要为主要目的，因生产条件的不同，产生了明显差异。如游牧民族多穿宽大长袍，以便于骑马放牧，并保护腰腿不受风寒；水乡渔民多穿短衣短裤，便于撒网捕鱼。随着社会的发展，服饰成为社会角色和等级身份的标志，身份的尊卑、地位的高低，都在服饰上有所显示。唐朝时起，黄色衣服是皇家的标志，紫色衣服是达官贵人的标志，灰色、蓝色衣服成了平民百姓的标志。服饰发展至今，等级身份和行业界限已逐渐削弱或消失，个性化、审美化成为服饰的主要功能。服饰越来越简单大方，许多民族只在节日庆典上才穿传统民族服饰。

在距今约 18 000 年的北京山顶洞人遗址中，发现的一枚骨针，证明我们的祖先早在上万年前便有了服饰。（图8.6）陕西西安半坡遗址的彩陶上留有麻布的印痕，江苏吴县草鞋山遗址中出土的三块葛布残片，浙江吴兴钱山漾遗址发现的丝带、丝线、绢片等丝织品，都证明在那时已有了纺织品。

图8.6　骨针

相传，古华夏族的服饰形制是由黄帝制定的。《易·系辞》载："黄帝、尧、舜垂衣裳而天下治。"上体之服叫衣，下体之服叫裳。上衣由衣襟、衣裾（衣服的前后部分）、衣袖、衣带组成。裳，形似围裙，男女都穿。上衣下裳制是我国最早的衣裳制度的基本形式，商周时期的基本服制都是上衣下裳。（图8.7）

图8.7　上衣下裳

图8.8　深衣

图8.9　胡服

春秋战国时期，出现了深衣与胡服。深衣将上衣与下裳连缀在一起，长至脚踝，形如筒状。深衣不分男女、不论尊卑都可以穿。《礼记》上说："既可以为文，可以为武；既可以摈相，又可以治军旅。"所以深衣既被用作礼服，又可日常穿着，是一种非常实用的服饰，备受人们喜爱。在西周、春秋战国时期，深衣的用料多为麻布，领、袖、襟等部位镶彩色边，作为装饰。（图8.8）

胡服是指我国北方游牧民族的服装，他们常年在马上生活，为便于骑马，多

穿短衣、裤和皮靴。赵武灵王为作战需要，率先引进胡服。（图8.9）

古时人们都束发，《释名·释首饰》曰："二十成人，士冠，庶人巾。""冠""巾"是区分"士""庶"的重要标志，贵族戴冠，庶人不能戴冠，只能著巾以包髻。

西汉，贵族的主流服饰是上下连体，肥袖的袍、束腰带。劳动者多穿短衣与全裆裤，就类似于现在的裤。（图8.10）

魏晋南北朝时，服饰追求"仙风道骨"的飘逸和脱俗。贵族服饰多是宽衫大袖、峨冠博带，平民服饰受胡服影响多是窄袖、圆领的短衣，下穿有裆的裤子。此时开始流行戴帽子。（图8.11）

图 8.10 汉代服饰

图 8.11 魏晋南北朝服饰

唐代对外交流十分频繁、文化艺术空前繁荣，服饰文化因此呈现出自信开放、雍容华贵、百花齐放的局面，是古代服饰史中衣料、样式最为丰富的一个时期。男穿圆领袍、裹幞头、穿长筒靴。女子衣裙的款式，从初唐到盛唐有一个从窄小到宽松肥大的演变过程。在初唐时期，妇女的短襦都用小袖，下着紧身长裙，裙腰高系，一般都在腰部以上，有的甚至系在腋下，并以丝带系扎，给人一种俏丽修长的感觉。中唐以后，服装渐渐变得宽大，长裙曳地，再配上颜色艳丽的披帛，显得雍容华贵。唐代时期，胡服十分盛行，连女子也时兴穿胡服。（图8.12）

图 8.12 唐代服饰

宋代的服装,其服色、服式多承袭唐代,开始崇尚俭朴,朴素和理性成为宋代服饰的主要特征。改唐袍的圆领为圆领加衬,改小袖为大袖,衣身宽大,官员戴乌纱帽代替了幞头。男装大体上沿袭唐代样式,一般百姓多穿交领或圆领的长袍,做事的时候就把衣服往上塞在腰带上。女装是上身穿窄袖短衣,下身穿长裙,通常在上衣外面再穿一件对襟的长袖小褙子,很像现在的背心,褙子的领口和前襟都绣上漂亮的花边。宋代的服饰较唐稍显保守。(图 8.13)

图 8.13　宋代服饰

元代,蒙古族男女均穿宽大长袍。男子头戴笠子帽,贵族妇女必戴 T 形姑姑冠。(图 8.14)

明代,大体沿袭唐代的衣冠服饰习俗,保留了宋元服饰中的某些样式。出现瓜皮帽,寓意大明江山天下一统。(图 8.15)

图 8.14　元代服饰

图 8.15　明代服饰

图 8.16　清代服饰

清代是由少数民族——满族建立的政权,因其长期处于游牧生活和征战状态,所以紧身、简洁、便于骑射是其服饰文化的主要特征。强令汉族改为满族服饰,男子必须梳满族的长辫子,穿长袍、小马褂,女子穿旗袍。(图 8.16)

1911 年,辛亥革命爆发,废除了帝制,建立了中华民国。中华民国成立以后，清朝的服饰制度大部分被革除，传统服饰至此发生了整体上的变化，中西合璧的服饰和纯西式的服饰逐渐进入中国人的生活，"中山装"和"旗袍"成为这一时期的经典服饰。（图8.17）

中华人民共和国成立后，在流行中山装的同时，代表革命的灰色的干部服也开始流行起来。"文化大革命"时，全国出现军装热，以穿军装、戴军帽为荣。改革开放后，随着经济的发展和思想的开放，服饰与国际潮流接轨，风格多样、时尚新潮，在民族特色与世界流行大潮中精彩纷呈。

2. 传统饮食结构和类型

饮食结构是指日常生活中一日三餐的主食、菜肴和饮料的配制方式。不同地区、不同民族的饮食结构往往有很大的不同。

（1）主食

我国南方和北方的粮食作物差别较大。南方和部分北方种植稻米的地区，以米饭为主食；而秦岭——淮河以北广大地区及部分南方山地是种植小麦的地区，则以面食为主食；还有些地方种植青稞、玉米、高粱、谷物等作物，日常生活就以杂粮为主食。辅食为蔬菜、肉食。主食的制作方式有多种，如米饭、粥、粽子、饼、馒头、饺子、面条等。

（2）菜肴

菜肴是饮食结构的重要组成部分。菜是蔬菜的总称，肴是煮熟的鱼肉。菜肴即饮食结构中的素菜和荤菜。以前，素菜是老百姓平常的辅食，荤菜只有在节假日或生活水平较高时，才能进入平常的饮食结构。随着我国经济的发展，如今荤菜在普通百姓家中早已是寻常之物。日常生活中，用来配制菜肴的原料有蔬菜、

图 8.18　八大菜系

鱼肉、禽蛋、调味品四类。这四类原料不同的搭配和烹制，产生了我国风格各异的烹调艺术，形成了不同的菜系。全国著名的八大菜系是鲁菜、川菜、浙菜、苏菜、徽菜、粤菜、湘菜、闽菜，它们各具特点，不仅闻名全国，而且享誉世界。（图 8.18）

（3）饮料

饮料，常常作为饮食结构的补充，在生活中也不可或缺。饮料有酒、茶、奶等。中国是茶的故乡，是最早发现茶树和利用茶叶的国家。饮茶是中国人生活中不可或缺的内容，迎接客人、喜庆典礼以及在一些地方的祭祀仪式上都有用茶的习俗。在漫长的历史岁月中，形

图 8.19　陆羽《茶经》

成了独特的茶文化，成为我们中华民族悠久文化的精华部分，并为世界茶文化的发展起了重要作用。世界上最早介绍茶的专著是唐代茶圣陆羽撰写的《茶经》，它被公认为是世界第一茶书，人类茶文化元典（图 8.19）。茶的种类很多，各地的饮茶习惯也不尽相同。如广东人喝"功夫茶"、藏族人喝酥油茶、蒙古人喝奶茶、白族人喝"三道茶"（头苦、二甜、三回味）等。中国是茶的国度，也是酒的故乡。我国的酒可分为六类：白酒、黄酒、啤酒、果酒、药酒和奶酒。对多数中国人来说，生活是离不开酒的，节日、庆典、会友、亲戚来往，酒都扮演了激发情绪、营造氛围的重要角色。

3.传统民居

（1）四合院

四合院是北京和华北地区传统的住宅样式。四合院就是四面以房屋围合形成的院落，一般由五开间的北屋、五开间的南屋、三开间的东西厢房组成。按规模大小还分为大四合、中四合和小四合院。大四合院习惯上称作"大宅门"。（图8.20）

图8.20 四合院

（2）窑洞

窑洞主要是西北部黄土高坡地区的民居，至今还有4 000多万人居住在窑洞里。窑洞按材质分为土窑、砖窑和石窑三种类型。窑洞非常坚固，几百上千年而不倒塌，并且冬暖夏凉，适合人居住，据说还能使人延年益寿。（图8.21）

图8.21 窑洞

（3）围楼

围楼是广东、福建等地客家人的住宅，又叫客家土楼。围楼的类型有圆形、方形、府第和综合型四种，其共同特点就是规模宏大、功能齐全，一般围楼有二三十间房，可住七八十人；多则七八十间房，可住200多人，最大的"承启楼"共有400多间房，

图8.22 围楼

曾经住过 80 多户、600 多人。客家围楼是世界上独一无二的民居建筑，其体积之大，堪称民居之最。（图 8.22）

汉族人数众多，分部地域广泛，因所处的地域环境的限制，呈现出不同的居住式样，以上三种都是汉族的传统民居样式。

（4）蒙古包

蒙古包是蒙古游牧民族的传统住房，古时称作"穹庐"。"包"就是满语中家、屋的意思。蒙古包一般是圆顶的羊毛毡帐，四周用条木结成网状围壁，在西南壁留一木框，用以安装门板。伞形圆顶与侧壁相连，顶部中央有一圆形天窗，以便采光、通风、排放炊烟。蒙古包易于拆装，利于放牧时搬迁流动。蒙古族以右为尊，包内右侧都是长者和尊者的居位。（图 8.23）

图 8.23　蒙古包

（5）干栏式

干栏式建筑在中国南方的壮族、苗族、布朗族等少数民族中盛行。干，是上面的意思，栏是房子的意思，干栏就是指上面的房子。干栏下面悬空，在用木柱或竹柱做成离地面相当高的底架上，建造住宅。一般分为上中下

图 8.24　干栏式

三层，底层圈养牛、猪、鸡、鸭，堆放农具、柴草，中层住人，上层储存粮食和杂物。干栏式建筑通风，使人感觉干爽、凉快，并可抵御蛇虫猛兽之害。吊脚楼和竹楼都属于这种干栏建筑。（图 8.24）

（6）仙人柱

鄂伦春族是一个游动性很强的民族，部分族人至今仍保留着古老的生活方式。

他们生活在茂密的森林里，居室也保留着古老的特征，仙人柱就是他们的传统民居。仙人柱是用30多根木杆搭成倾斜度为60度的圆锥形架子，上面覆盖桦皮或狍皮围子即可，屋顶开一小孔，以便出烟和采光，南侧或东南侧留出一个门。进门正面是男人

图 8.25　仙人柱

和男客的席位，称"玛鲁"，禁止女人坐卧，两侧是家族席位，右侧是老人的席位，左侧是女人的席位。（图 8.25）

二、传统习俗在民族文化中的重要性

（一）传统习俗是民族认同的强大社会凝聚力

习俗能统一人们的思想和行为，保持社会的向心力和凝聚力。共同的生活习惯与文化心理是一种无形的纽带，将散乱芜杂的社会成员统一在共同的生活原则和价值认同中，实现社会行为的和谐有序。我国陕西临潼姜寨遗址、西安半坡遗址的营地格局，都表现出一种向心模式，反映出我国古代先民通过习俗活动来凝聚群体力量的情景。人们通过各种习俗活动来增强氏族观念、家族观念乃至民族观念，如图腾崇拜的产生成为维系氏族的纽带。祖先崇拜和祭祖活动，客观上强化了族系观念，使族内人找到了共同的精神支点。婚俗、丧俗在巩固家庭关系、连接和巩固家庭形式上发挥着巨大作用。帮工帮种，一家盖房、全村出动，一方有事、八方帮忙的习俗，是团结互助、协调关系的最好形式。

习俗以其独到的群体凝聚力，使得某地域内的人在共有的习俗纽带的联系中形成感情的融洽契合，产生了团结和秩序。尤其是到了异土他乡，习俗的群体凝

聚力极易显现它的力量。在乡土、乡情观念的文化心理作用下，人们很容易凝成一个团结一致、共同对外的群体。习俗的这种凝聚作用，尤其是在国难当头，民族危亡的关头会产生极为重要的积极作用。习俗不仅统一社会成员的行为方式，更重要的是维系着群体和民族的文化心理，使人们有共同的文化认同。例如，分布在世界各地的华人华侨，都公认自己为中华子孙，习用中华民族民俗，始终与自己的民族保持认同感。

（二）传统习俗是民族文化的代表

传统习俗融汇了我们民族的心理素质、审美意识、伦理观念乃至社会政治理想。它看起来无形，却隐藏在每个民族成员的内心，凝聚在民族文化传统的最深处，成为一个民族最具有特色的传统文化。这种文化是一个民族区别于他族的重要特征，是一个民族身份的象征。

三、中国传统习俗的特征

（一）鲜明的天人合一色彩

"天人合一"是关于天与人的关系的思想学说，是中国传统文化的基本特征，也是其最为核心的思想。其基本理念是：天与人是一种统一体，相互关联、不可分割，天道与人道、自然与人类是合而为一的。天人合一中的"天"是今天的"自然"之义。儒家哲学思想认为，在"天"和"人"之间存在着一种"内在关系"，两者是相即不离的。"天"和"人"皆以"仁"为性。"天"有生长养育万物的功能，这是"天"的"仁"的表现。"人"既为"天"所生，又与"天"有着相即不离的内在关系，那么，"人"之本性就不能不"仁"。因此，人的道德属性是对天的本质的回应，人的善良本性是源自于天的，故有"爱人利物之心"。道家的"天人合一"是天人合于"道","道"者，自然也。道家的"天"是自然而然的终极存在，是与"人为"相对而言的宇宙的自然状态。道家认为，人是自然（天道）这个终极存在的一个范围。因此，与自然（天道）保持一致、融通为一是人的最高生存形态。儒道两家关于天人关系的基本观点是一致的，即天人为一、天人相关、天人合一。天人合一的思想既是中国传统文化对人与自然关系的哲学解释，也是中国古代处理人与自然关系的最高准则，其思想观念影响了中国传统文化的方方面面，是中国传统文化的最高精神范畴，是我们今天尚需认真发掘昭示的宝贵文化遗产。

在以农为本的中国，人们特别懂得因物性、顺自然的道理。无论是居住方式、礼仪习俗、节日文化还是文学艺术都反映了古人顺应自然、适应客观规律变化的朴素思想观念。生活居住上，他们特别强调建筑与周围环境相协调，并且与季节、方位相联系，体现了复杂而细腻的生态理念。如先秦时期对明堂的要求。首先，地形上要"下之润湿弗能及，上之雾露弗能入，四方之风弗能袭"。其次，外在环境上。要有水环绕，象征中国在四海之中。明堂要建在城南，因为那里最能得到"阳气"。建筑结构上。一般是上圆下方，以象征天圆地方；四方有窗，以象征朝政顺应四时。由于以长江流域为代表的南方地区降雨量大，为了适应炎热潮湿的气候，房屋建筑多采用敞厅、天井、回廊等开敞通透的布局，为了泻雨流畅，房顶多为起脊较高的砖瓦顶或草顶；而在黄河流域，因无霜期短，较为干旱，冬季天气寒冷，因而人们多以窑洞为居室，以保持冬暖夏凉。

节日文化更是与农业生态环境和气候规律紧密相关。传统节日皆源于农事，古代农历中有二十四个节气，民间以四句话来概括："春雨惊春清谷天，夏满芒夏暑相连，秋处露秋寒霜降，冬雪雪冬小大寒。"立春、春分、立夏、夏至、立秋、秋分、立冬、冬至等称为"四时八节"，标志着四季交替的"交节"。春节就是重要的农事节日。在庆祝习俗上，南方多以水上活动为内容，如划龙舟、采莲船等，北方多以无水的活动为内容，如舞狮、划旱莲船等。

月份的名称也多与自然界的物象相关联，古代一月称为"元月"，二月称为"杏月"，三月称为"桃月"，四月称为"槐月"，五月称为"蒲月"，六月称为"荷月"，七月称为"桐月"，八月称为"桂月"，九月称为"菊月"，十月称为"梅月"，十一月称为"霞月"，十二月称为"腊月"。

（二）浓郁的人文关怀情愫

中国传统习俗重人情、重亲情、重伦理，具有强烈的人文关怀色彩。除夕守岁，吃团圆饭和中秋合家赏月等，寄托了人们对亲人团聚、和谐团圆的美好企盼。在婚俗上，新郎新娘在婚礼上要一拜天地、二拜"高堂"、夫妻对拜，体现对自然、长辈、家庭的尊重。在丧俗上，强调孝道。长辈去世，晚辈要穿孝服，要"哭丧"，逝者的亲戚、朋友要穿"素服"，来吊唁、助丧、送行，体现浓厚的人文关怀色彩。在农业生产习俗上，土家族在田间管理时有薅草锣鼓，是一种"一家有事、百家帮忙"的习俗。锣鼓一响，人们纷纷自动赶来参加"锣鼓"，一人领唱、众人应和，边薅草边唱，体现了互帮互助的传统美德。在年节习俗上，大年初一清早，晚辈要依次给长辈拜年，长辈则要给孩子压岁钱，体现出尊老爱幼观念。除夕、清明节，人们要祭祀祖先，把祭祖看作家族兴旺发达、家人平安健康的保证。同时，祭祖还与"齐家、治国、平天下"的政治需要联系在一起。人们把遵循道德伦理看作是对祖先恩德的最好报答。那些功成名就、衣锦还乡的人，认为自己是光宗耀祖，而那些家境败落的人，则常常在内心深处谴责自己愧对列祖列宗。

（三）人本化的世俗取向

中国传统习俗也表现出世俗取向的特点。中国传统习俗与西方不同，西方传统习俗多与宗教传统有关，带有鲜明的神化特点。中国的传统习俗却更多地与生产活动、人伦关系、世俗生活相关联，体现出鲜明的人化特点。这种以世俗生活为取向的特点使中国传统习俗更具有人本性与生活性，也更具有人文情趣。这是我们在学习认识中国传统习俗时，应着重区别的。习俗学界普遍认为，习俗文化是一种实用文化。习俗信仰的主要目的，在于使习俗事项有利于人，为人们的生产和生活起作用。因此，习俗活动乃是一种有所为的活动，这种有所为的实用性目的，使习俗事象的约定俗成和世代传承有了价值基础。因此，以人、生活、生产的正常发展为主要目的的习俗，必然是具有功利性的、世俗化的取向的。习俗的世俗取向性，不仅表现在信仰心理方面，而且表现在习俗本身在人民生活中产生的积极效用——使人民获得实际利益方面，由此而成为一种"有所为的活动"。

单元互动

1. 传统习俗与传统的关系是什么？

2. 哪些内容属于传统习俗的范畴？

3. 传统习俗形成的原因是什么？

4. 最早发现茶树和利用茶叶的是哪个国家？

5. 为什么说传统习俗是民族认同的强大社会凝聚力？

6. 传统习俗在民族文化中的重要性是什么？

7. 中国传统习俗的特征是什么？举例分析。

第一章

1. 传统这一概念的关键词：历史凝聚、稳定、价值形态。

2. 二元统一的关系。即继承中有发展，发展中有继承。

3. 两层意义：广义的文化和狭义的文化。广义的文化是精神和物质的总和，狭义的文化指精神范畴的文化。

4. 文化是人类的社会形态和社会无意识，深刻影响着人们的价值取向和行为模式。因此，文化是重要的生产力。

5. 文化是人对其动物性的超越的产物，是人区别于动物的根本属性。因此，文化是人的最高本质。

6. 文化作为人类精神创造的产物，总是建立在某种精神元点和价值逻辑上的，传统文化就是这种精神元点和价值逻辑的不断延续。因此，社会遗传就是指传统文化不断延续的精神特点。

第二章

一、原始文化

1. 人对工具的使用。文化产生的前提是精神创造活动，而对工具的使用正是精神创造的必然内容。

2. 新石器时代的文化。

3. 改写了中国的文明史和人类文明史；改写了诸多世界第一；对汉字的产生提供了极其重要的实物证明。

二、传说中的中国古代文化

1. 尽管故事离奇，但体现出中国传统文化的独特性：与西方文化神创造世界和"人类中心主义"迥然不同的"人本主义思想"；中国传统文化的价值元点是利他主义和崇高的献身精神。

2. 这里的"皇"和"帝"不是后来专指的"帝王"含义，而是指受人尊重的杰出人物。"三皇五帝"即三位杰出的人物、五位著名的首领。

3. 中国的姓氏产生在母系氏族社会，所以早期的姓常有女旁，如黄帝姓姬、炎帝姓姜、舜帝姓姚、大禹姓姒、秦始皇姓嬴等。后来因人多迁徙，便因封号、地名、环境、职业等而姓，如张、王、李、赵、唐、虞、陶、卜、司马、司徒等。

三、先秦文化

1. 夏代的出现，结束了中国古代原始部落社会的历史，标志着中国国家形态的形成，也标志着中国至此由原始社会的无序状态进入国家行政管理的有序时代。

2. 文字和儒的出现。文字的出现使文化成果可以被记录、传承；儒的出现对推动社会文明意义重大。

3. 汉字产生于古人对自然和事象特征的摹仿，其特点是用象征性的书写符号来指代一个特定的事象，古人称之为"象形"。因此，它是表意的，不是直接或单纯表示语音的。汉字的造字原则是"六书"，即象形、指事、形声、会意、假借、转注。

4. 封建的本义是"封邦建国"，即将国家划分为若干行政单位，由地方首领分而治之的国家制度。

分而治之为社会引入竞争机制，有利于国家的发展；分封的依据和原则成为国家有序发展的标志；封建制带来的多元化发展促进了政治、经济、文化的繁荣。

5. "子学"就是诸子之学，是春秋战国时期中国各类学术成就的集大成。"子学"成为后世学术活动取之不尽的思想源泉。

6. 《周礼》的出现，意味着中国古代社会从此进入以法治国的时代；《周礼》成为历代社会规范、行为准则的蓝本，是中国古代最为经典的社会契约。

第三章

一、中国传统文化形成的基本原因

1. ①地理原因。封闭的地理环境只适合农业生产；内陆性干燥气候使农业生产对自然规律的依赖性很强。②现实原因。客观条件使得中华民族的先民们只能把农业生产作为生存活动的首要选择。③文化养成。注重人与自然关系的融洽；形成对自然规律的尊重与顺应；在天人关系中形成对美善关系的追求。

2. 一般说来，环境是文化形成的物质基础，属于意识形态产物的文化，总是基于某种相应的物质条件的。从另一个角度讲，文化是意识形态，它总是影响着环境、改变着环境，推动着社会的发展。因此，环境是文化形成的物质基础；文化是促进环境改变的意识形态，二者是互动关系。中国传统文化同样是具体的生存环境和生存实践的产物。

二、中国传统文化的基本特征

1. 和合思想的文化根源是中国先民在长期的农业生产中对天（自然）关系的深刻认识。天是人生长、存在的依据；人是天的具体体现；二者相互依存、彼此融通。

2. "生生"思想的依据是人必须尊重、顺应自然的规律与要求。在古人看来，人来源于自然，自然是人的原则。自然的目的就是不断地产生生命。因此，对生命的尊重与爱护，是人尊重、顺应自然的具体表现。

3. 不追求事物本身的客观属性和物理本质，而注重事物整体关系的谐调融洽和由此形成的完美关系，不刻意于事物间的个性诉求与功利得失，而在意事物相关性的整体利益与长远目标。

【184】

三、中国传统文化对人类文明的贡献

1. 明清之际，即 14—17 世纪。

2. 西方的现代化进程受到中国传统文化的影响。

3. 奥地利著名心理学家卡尔·荣格。

四、中国传统文化的独特价值和在当代具有的重大现实意义

1. ①人类因利益引发的冲突是客观的，但人类却不能因为利益冲突而无休止地争斗下去，懂得忍让与克制，是人类"大同"的终极要求。②世界是一个统一体，局部的繁荣或强大带来的是发展的不平衡和整体的冲突，这对人类社会的良性发展极为不利。鉴于此，中国古代以整体平衡为价值取向的和合文化，无疑是化解当代矛盾、让世界回归和平的大智慧。

2. "生生"思想的核心，是把生命与生命现象回归到自然，从自然和元规律的角度来诠释生命现象。这种将具体的生命现象回归到自然母体，以诠释自然真相为本的生命观，较之用人的狭隘立场和利己主义去取代宇宙终极事实的"人类中心主义"，无疑是更高的智慧。

3. 人类的社会危机无不源于利己主义与狭隘立场。以自我为中心、以小利为目的，人类将永远争斗和相残，世界将永远对立而混乱。而要让

人类舍去小利而获取大有，放弃私欲而实现大同，恐怕只有以整体融通和远大目标为特点的美善文化能做到。因为，只有在这种文化的引导下，人类才会具有更为宽阔的眼界与博大的胸怀，从而实现大同理想的终极目标。

第四章

一、儒家文化

1. 仁是先于仁学的社会现象，仁学是仁的理论概括；前者是行为本身，后者是行为准则与范式；仁是仁学形成的基础，仁学对仁具有传播和导向作用。

2. 广义的"仁"指古代的美好德行，其含义宽泛，包括恭、宽、信、敏、惠、智、勇、忠、恕、孝。狭义的"仁"指由孔子创立的儒家学说，又被称为"仁学"。仁是儒家学说的核心内容。仁是人之为人的基本属性和最高的道德规范。仁的基本品格是利他精神。

3. 仁学更多的是思想理论，是孔子的一种思想学说；仁政是思想学说与现实问题相联系的产物，具有具体性和可操作性特点。

4. 将一种社会现象理论化为道德规范与行为准则；为等级社会注入公平理念与民本思想；奠定了我国古代伦理道德的基础。

5. 礼是人的社会交往原则和行为规范。来源于古代的宗教祭祀仪式。

6. 中庸就是"用中为常道"或"中和可常行之道"的意思，是儒家认为的天地统一的定理，万象和谐的原则。

7. 仁是礼的内容和要求，礼是仁的表现和标准，中庸则是二者协调统一的原则。

8. 博爱思想与注重整体利益的思想对建构和谐社会具有积极意义；注重道德修养的思想对建构社会主义精神文明具有积极意义；注重人的社会责任感和高尚情操的思想对提高国民素质具有积极的现实意义。

二、道家文化

1. 道家是春秋末期、战国初期的一个思想学术流派，道教是东汉兴起的宗教流派；道家文化是道教重要的精神来源和文化渊源，道教是道家文化的宗教表现。

2. 道是超越万物的终极存在，是宇宙的本原。

3. 道以自然为法则，表现为自然而然。

4. ①道看不见、摸不着，却无处不在，并以自己的方式永恒运动；②道不刻意为之，但万物没有不受其影响的。③道以不为的方式而无所不为。

5. 体悟。理由：大道由显（具体的事物）、隐（隐藏于具体之后的事物），有（已经把握的东西）、无（尚未把握的东西）构成的意蕴显现，其意义无限。因此，概念化的语言和学习方式是不能帮助我们认识大道的。因为概念总是建立在对已有事物充分把握的基础上的，是对事物的固态化认识，而对大道的认识是不可能固态化的。因此，对大道的认识，只能用体悟的方法。

6. 所谓无用之用，是指不以世俗为标准而保持自然赋予的作用。

7. 道家文化是将人从世俗和个人的狭隘立场升华到与自然之道相统一的宏大文化，极富思辨性和终极性，尽管不苟时俗，但却昭示着人类文明发展的必然归宿和逻辑走向。因此，道家文化是极富前瞻性的大智慧。

8. ①道法自然的观念可以帮助我们认识与环境的关系问题，从而更好地爱护环境、保护生态。②无治而治的观念可以加深我们对讲科学、按规律办事的认识。③少私寡欲、见素抱朴的观念可以帮助我们抵制物欲侵袭，保持人格高尚。

三、道教文化

1. 道教产生的文化根源有四个方面：黄老思想、方仙之术、鬼神崇拜、谶纬之术。它是中国古代士大夫雅文化和民间俗文化、上层正统思想与下层异端意识相结合的产物。

2. 道教"道"的概念的文化渊源来自道家的"道"。道家的"道"是一个哲学概念，指产生、支配宇宙万物的自然规律和一切存在的本源。道教的"道"是一个宗教化概念。道既是宇宙本元，也是超然与神秘的力量；同时，也是道教追求的最高精神境界。

3. 关爱生命价值、追求生命永恒，给人的精神以终极关怀；以追求生命不朽为出发点，积极探求自然真相；对中国古代伦理文化的贡献。

四、佛教文化

1. 佛的意思是"觉者"。自觉、觉他、圆觉（觉行圆满）者皆为佛。

2. 佛教能够在中国广为流传的根本原因是：佛教是作为对中国本土文化的补充而被中国社会认同的。①佛教的一些基本理念与中国本土的道家文化有着太多的相似之处。譬如，佛教追求"空""寂""无"，而道家追求"虚无""静极""清静无为"；佛教的最高精神境界是寂静空虚、无此无彼、极乐世界，而道家的最高精神境界是超然物外、形神合一、逍遥自在。②在对外界的认识上，佛教与道家都提倡觉和悟，二者内涵一致。③对佛的神秘化理解，也使中国社会将佛教与民间广为流传的神仙方术相联系。这样，佛教在依附于中国本土文化认同的基础上，开始了漫长的中国化进程。

3. 禅宗是中国儒家文化中的人性论学说和道家清静虚无思想与印度大乘空宗一切皆空和大乘有宗佛性实有的思想相结合的产物。禅宗突破了印度佛教佛国权威、佛陀至上的思想，消除了极乐世界与现实世界、彼岸与世俗的严格界线，具有明显的泛神论特点。中唐以后，禅宗成为中国佛教的正统，对中国社会各阶层影响巨大。

4. ①与儒、道互为渗透交融，成为中国文化的重要内容。②对中国人格文化和社会心态具有重要影响。③对中国传统思维方式的影响。④对中国古代艺术的影响。

第五章

一、制度与制度文化

1. 制度是人类社会生活的强制性规则和运行模式，体现着一种社会形态的主流价值观和强势立场，其功能是维护这种社会形态的统一与稳定。制度是最为强势的文化形态，也是社会控制的重要手段。

2. 制度文化是指在制度的统摄调控下形成的社会上层形态、社会行为规则和由此形成的社会关系原则，是生产关系、法律制度、社会结构的具体表现。

二、制度文化的作用

制度文化的作用有四个：主体作用、凝聚作用、协调作用、反功能作用。

三、中国古代制度文化的基本内容

（一）政治制度

1. 中国古代政治制度的特点：①皇权至上；②重人治、轻法制；③官僚政治；④国家机器完备。

2. 中国古代官僚政治的特点：①官为君设，从而赋予官僚政治以浓厚的人治色彩；②中国的官僚政治虽然有一套完善的考选官僚的制度，但是，无论是从考选对象和内容，还是从考选方式与程序上看，都体现了它的封闭性特征；③"官无封建，而吏有封建"，官僚作为权力君授的特殊阶层，掌握着大量社会资源与财富，成为权力阶层和豪门追逐的对象，队伍不断壮大，加重了社会的腐败和对立。

（二）法律制度

中国古代法律制度的特征：①立法以儒家思想为指导原则；②"变法"与社会变化密切联系；③重刑轻法；④法律成为统治工具；⑤法典编纂诸法合体。

四、宗法制度

1. 宗法制文化的特点：①注重血缘关系；②注重家庭关系；③权力高度集中；④社会等级分明。

2. 宗法制对中国社会的影响：①家国同构；②浓厚的血缘观念；③伦理化特征。

第六章

1. 书法是书法家审美情趣的产物，是书法家的人文价值取向在写字中的体现。书法已经不是单纯写字，而是一种高级的精神活动，书法家通过书法来展现其创作心态和人文情感。

2. 隶书是由篆书发展变化而成的新字体，约起源于秦代，盛行于汉代。由于秦代国事繁杂，用小篆书写已经不能适应社会需要，于是隶人参与辅助书写。隶人是掌管文书的下层官吏，他们所用的字体便是比篆书书写较为便捷的隶书。其特点是字形变圆为方，笔画改曲为直，连笔改为断笔。隶书从字的结构到线条，都比篆书更便于书写。隶书的出现是汉字演变史上古文字和今文字的一个转折点，上承篆书，下启草书、楷书。隶书结体扁平、工整、精巧，笔画起讫美化为具有波磔之美的蚕头燕尾，轻重顿挫富有变化，增强了书法艺术的造型美，风格也趋于多样化，艺术的欣赏价值大大提高。

3. 书法的意境美，是整个书法审美的灵魂，也是打动欣赏者的内在因素。所谓意境，就是艺术作品营造出的品味境域，意境美就是这种品味境域产生的美。艺术是人们审美创造，是人的精神诉求和精神需求的产物。

书法是艺术，也是书法家人文情感的张扬与表达。因此，书法作品带给我们的不仅仅是形式上的赏心悦目，更是书法家审美情感的符号化表现，这种表现通过笔触、线条、浓淡、粗细、刚柔、疏密营造出丰富多彩的审美意蕴，在表达书法家人文诉求的同时，也使书法作品产生意义无限、品悟不尽的独特魅力。

4. 艺术是人对世界的情感化、品悟化表现。因此，艺术是一种心灵的真和情感化的真，是人的精神化、情感化符号。写意就是按心灵的真实和情感的需要去表现世界，这种艺术理念是符合艺术是人的精神化、情感化的产物的本质特征的。

5. 散点透视法，可以充分地表现出空间跨度较大的景物的多个方面，使得视野宽广辽阔，形象创造和画面构图有更大的自由度。散点透视需要画家仰观俯察、远近游目，使画家避免了在一个固定观察点的局限。这样就使物象在画面出现时，可以按艺术需要变化其形象，更换其位置。因此，利用散点透视法和游目的方式在山水画中可以以大观小，在花鸟画中可以以小观大。

6. 北宋初期山水画的代表是李成和范宽，北宋中期山水画家的代表是王希孟和郭熙，王希孟的《千里江山图》是现存的早期最大的一幅青绿山水卷轴画。北宋中后期的米芾、米友仁父子创造了一种浑圆凝重、干湿相兼的描绘山峰的方法"米点皴"。南宋山水画改变北宋传统，以边角之景代替全景式的山水构图，以局部特写体现整体刻画，开创山水画的新时代。代表画家是被称为"南宋四大家"的刘松年、李唐、马远、夏圭。

7. 在群体行为中为了减轻疲劳和协调动作，便有了呼声。呼声一旦被语言替代或与语言结合，语言便有了音乐形式。舞蹈是对乐歌的演绎，目的是对行为的摹仿和情感的释放。

8. ①《诗经》中的优秀民歌及大、小雅中的讽喻诗为我国文学开创了一条现实主义的创作道路。②确立了民间文学在文学史上的崇高地位，开创了重视民间文学、向人民创作学习的传统。③《诗经》开创的朴素而优美的艺术风格（"乐而不淫，哀而不伤"）成为后世文学健康发展的优秀范例；其"赋、比、兴"的表现手法对后世文学创作产生了深远的影响。

9.①上古传说、先秦两汉寓言故事及史传文学是古典小说的源头。②魏晋南北朝的文言志怪、志人小说标志着中国古典小说已发展为一种重要的文学体裁。③唐代的经济繁荣和城市繁荣为小说的发展与成熟提供了客观社会基础。唐传奇标志着中国古典小说开始进入成熟阶段。④宋代话本小说标志着中国古典小说进入白话文时代。⑤明清长篇小说的出现，意味着中国古典小说进入成熟的鼎盛时期。

10.①城市经济迅速发展；②各种文学形式的繁荣及相互影响；③魏晋南北朝以来志怪及志人小说的影响。

11.①程式化。也就是按照概念化、类型化、模式化的方式来安排角色分类、服装造型、唱腔设计以及表演动作，使中国古代戏曲具有独特的表演美。②虚拟化。对生活行为进行选择、提炼、概括、夸张和美化，形成高度虚拟化的表演动作来进行舞台表演，使舞台艺术更具诗意美。③写意化。追求象征性的生活场景、程式化的表演手段和具有独特审美性的唱念方式。在艺术取向上具有鲜明的写意与象征性，使舞台形象营造出浓郁的审美意趣和丰富的想象空间。

第七章

1. 我国是世界上农作物起源最早的国家，水稻、谷子、大豆、高粱等主要农作物均起源于中国。

最早研制和使用农药的国家。

最早使用轧棉脱籽机的国家。

最早栽培甘蔗和制糖的国家。甘蔗栽培始于公元前1750年。

最早栽培大麻和苎麻的国家。国际上通常称大麻为"汉麻"，把苎麻称"中国草"。

最早养猪、养蚕和饲养家禽的国家。据考证，我们祖先早在1万年前就开始驯养猪，人工养蚕始于6 000～7 000年前，养鸡最早可追溯到公元前5430年。

最早种植蜜橘、猕猴桃、荔枝、枣树、板栗和最早栽培金针菜的国家。

2. 中医是中国传统文化的重要组成部分，就文化价值而言是"国宝""活化石"。就其"科学性"而言，是一个见仁见智的问题，可就此展开讨论。

3. 天干地支，简称"干支"。在中国古代的历法中，甲、乙、丙、丁、戊、己、庚、辛、壬、癸被称为"十天干"，子、丑、寅、卯、辰、巳、午、未、申、酉、戌、亥叫作"十二地支"。

春雨惊春清谷天，夏满芒夏暑相连，秋处露秋寒霜降，冬雪雪冬小大寒。

4.①陶瓷是技术与艺术的统一，科学与人文在陶瓷上得到完美的体现。从事古陶瓷研究的学者，一半是硅酸盐专家，一半是人文学科专家。陶瓷既是工艺品，又是科学研究的对象。所以，我们研究古代陶瓷，既要欣赏陶瓷之美，又要懂得，它的美经由何种工艺而来。

②陶瓷技术一脉相承，从未中断，至今仍服务于社会生活。

虽然塑料制品的发明，给人类生活带来了极大的便利，但塑料有毒性且对环境污染严重，陶瓷器可以反复使用，不存在健康隐患。因此，科技发现至今，陶瓷器仍然是日常生活不可缺少的物品。不仅如此，陶瓷还广泛运用于半导体及其他高端科技领域。

③陶瓷器多有很高的艺术价值和经济价值。

陶瓷器既可以作为实用器具，又具有艺术价值和观赏价值。陶瓷还是收藏品市场的大宗，具有很高的经济价值。近年来，随着我国经济的发展，国人文化水准提高，收藏与鉴赏古代陶瓷，成为一种增强人文素养、提高文化品位的途径，也成为一种投资手段。

5. 丝绸之路的开辟，有力地促进了东西方的经济文化交流，对促成汉朝的兴盛产生了积极的作用。

①商品交流。

正如"丝绸之路"的名称，在这条逾7 000千米的长路上，丝绸与同样原产中国的瓷器一样，成为当时东亚强盛文明的象征之一。丝绸不仅是丝路上重要的奢侈消费品，也是中国历朝政府的一种有效的政治工具：中国的友好使节出使西域乃至更远的国家时，往往将丝绸作为表示两国友好的有效手段。丝绸的西传也改变了西方各国对中国的印象，由于西传至君士坦丁堡的丝绸和瓷器价格奇高，令相当多的人认为中国乃至东亚是一个物产丰盈的富裕地区。各国元首及贵族曾一度以穿着用腓尼基红染过的中国丝绸，家中使用瓷器为富有荣耀的象征。此外，阿富汗的青金石也随着商队的行进不断流入欧亚各地。这种远早于丝绸的贸易品在欧亚大陆的广泛传播，为带动欧亚贸易交流作出了贡献。这种珍贵的商品曾是两河流域各国财富的象征。当青金石流传到印度后，被那里的佛教徒供奉为佛教七宝之一，令青金石增添了神秘的宗教色彩。而葡萄、核桃、胡萝卜、胡椒、胡豆、菠菜（又称为波斯菜）、黄瓜（汉时称胡瓜）、石榴等的传播为东亚人的日常饮食增添了更多的选择。西域特产的葡萄酒经过历史的发展融入中国的传统酒文化当中。商队从中国主要运出铁器、金器、银器、镜子和其他豪华制品，运往中国的是稀有动物和鸟类、植物、皮货、药材、香料、珠宝首饰。

②文化交流。

造纸术的西传为欧洲及中亚带来了一次巨大的变革，而最初这场变革却是残酷的：唐朝与新兴的阿巴斯王朝在中亚的势力摩擦不断。在对中亚政治格局具有强大影响力的怛罗斯战役中，阿拉伯人将中国战俘沿着丝绸之路带回撒马尔罕，而这些战俘中就有善于造纸术的中国工匠。最终造纸术就这样传播到世界各地。

西域地区沙漠密布，各国的繁荣与水往往是脱不开关系的。天山与昆仑山融化的雪水是西域的主要补给水源之一。然而收集这些雪水并不是容易的事情，化后积聚在山脚的水很短时间就会被蒸发或渗入地下。自汉朝派遣军队屯驻在西域发展农业时，流传于山区的坎儿井和井渠技术被同样需要水源的军人使用在西域，并逐步流传至更远的国家。早先西域地区坎儿井技术究竟是由中国还是波斯传入西域一直是个有争议的问题。不过井渠技术和穿井法被证实是由中国传向西方的。《史记》中记载，李广利率兵攻打大宛，利用断绝水源的方式围困城市。然"宛城中新得汉人知穿井"，令大宛人坚持了很长时间。

中国古代印刷术也是沿着丝路逐渐西传的技术之一。在敦煌、吐鲁番等地，已经发现了用于雕版印刷的木刻板和部分纸制品。其中唐代的《金刚经》雕版残本如今仍保存于英国。这说明印刷术在唐代至少已传播至中亚。13世纪，不少欧洲旅行者沿丝绸之路来到中国，并将这种技术带回欧洲。15世纪时，欧洲人谷滕堡利用印刷术印出了一部《圣经》。1466年，第一个印刷厂在意大利出现，令这种便于文化传播的技术很快传遍了整个欧洲。

③宗教思想交流。

东汉初期，佛教自于阗沿塔克拉玛干大沙漠南北侧之"丝绸之路"，全面传到西域各国。除了佛教，拜火教、摩尼教和景教也随着丝绸之路来到中国，取得了很多人的信仰。并沿着丝绸之路的分支，传播到韩国、日本与其他亚洲国家。

6. 造纸和活字印刷术促进了知识传播范围的扩大，使得读书识字再也不是贵族的特权，极大地促进了社会的进步。指南针促进了大航海以及地理大发现。火药使得世界由中世纪的冷兵器时代转化为热兵器时代。另外，对于矿山的开采等方面也有很大的作用。

7. ①价值传统的影响。对人文学科价值的极端化认识导致了对自然学科的轻视。②思维传统的影响。注重天人和谐、整体统一的思维方式有利于人文学科的发展，不利于科学技术精细化、客观性的发展路径。

第八章

1. 传统习俗属于传统的一个组成部分、一个分支，是传统在社会生活层面上的映射和反映。

2. 民众中传承的物质生活文化、社会生活文化、民众传统的思维方式、心理习惯以及民间传承的各种语言艺术、游艺竞技习俗等都属于传统习俗的内容。

3. 大体有地域、经济、政治、宗教四个方面的因素。

4. 中国，中国是真正的"茶的故乡"。

5. 共同的习俗活动，统一思想和行动，增强族群归属感，强化氏族观念、家族观念乃至民族观念，使族内人找到共同的精神支点，实现在统一的文化氛围中的和谐。

6. ①传统习俗是民族认同的强大社会凝聚力。②传统习俗是民族文化的代表。（举例略）

7. 天人合一性、人文关怀性、世俗取向性。（举例略）

参考答案